위닝 飛(비)해비어
Winning Behavior

리더를 꿈꾸는 직장인을 위한 '이기는 행동'

위닝 飛 해비어
(비)
Winning Behavior

유인상 지음

도서
출판 니어북스

직장은 경제적 기반을 제공하고 나아가 자아 성취를 위한 공간이다. 우리는 그 공간에서 삶의 중심부를 관통하는 30년 안팎의 긴 세월을 보낸다. 직장에서의 성공은 인생의 성공으로 연결되기도 하지만 반대로 실패는 자칫 고단한 인생으로 이어지기 쉽다. 또 그 성패는 나만이 아니라 가족의 삶과도 연결되어 있다는 면에서 직장에서의 삶은 어쩌면 생명과도 같이 소중하다. 그래서 누구나 잘하고 싶고, 성공하고 싶다.

그런데도 직장에서 우리는 다음과 같은 사람들과도 마주치게 된다.

- 고집이 세고 불통이면서도 그것을 모르거나 자랑으로 여기는 사람
- 일을 통해 자신의 가치를 증명하지 못하면서 워라밸만 주장

하는 사람

- 실적이 최고라고 믿으면서 사람의 향기는 나지 않는 사람
- 공동체의 일에는 별 관심이 없고 자기 이익을 앞세우는 이기적인 사람
- 자기만의 확고한 실적 없이 리더 그 이상을 꿈꾸는 사람
- 미래를 위한 별 준비 없이 장밋빛 미래를 꿈꾸는 사람
- 방향도, 목표도, 계획도 없이 하루하루가 루틴이 되어 버린 사람

이런 사람들은 직장생활을 잘할 리 없다. 삶의 운명을 가르는 소중한 직장생활을 이렇게 해서는 안 되며, 그러다가는 어느 순간 고난의 길에 들어설 수 있다. 이 책은 이런 사람들을 위한 책이라기보다는 이런 사람을 주변에 둔 사람들을 위로하고 이를 타산지석으로 삼기 위한 책이다.

직장에서는 일을 잘할 수 있는 역량을 잘 갖추는 것이 무엇보다도 중요하다. 그렇지만 직장이라는 공동체에서는 이것만으로 전진하는 데는 한계가 있다. 여기에 품격을 더해야 가능하다. 직장생활을 승리로 이끄는 법칙이 있다면 역량과 품격의

두 날개로 나는 것이다. 그래야 주변으로부터 '같이 일하고 싶은 사람'이 되고, 더 멀리 더 높이 날 수 있는 것이다.

그런데 이런 조건을 두루 갖춘 사람은 흔치 않다. 다들 어딘가 부족한 측면이 있다. 그래서 자신에 대한 성찰을 통해 더 나은 길로 가려는 노력이 중요하다. 성찰은 부족함에 대한 인정이요 깨달음이며, 성장을 위한 변화의 계기를 만드는 동력이 된다. 이를 모른 체하거나 포기하는 것은 자신에 대한 직무유기다. 최근 젊은 세대들이 직장을 바라보는 관점이 바뀌고 있다고 해서 직장 내에서 적용되는 가치가 달라지는 것이 아니다.

직장은 경쟁의 공간이요, 전진을 통해 성취를 얻는 공간이다. 누군가는 자신을 가꾸고 키우기 위한 도전의 길을 가고 누군가는 그대로 머물러 있다. 출발선이 같은 동료도 이러한 차이로 인해 10년 뒤에는 위상이 현격히 달라지는 것이다. 성찰이라는 씨앗이 행동으로 이어지면 열매를 맺는다.

이 책 『위닝 비해비어 | Winning Behavior』에서는 직장생활 전반을 훑어보며 그 길을 먼저 지나온 선배로서, 또 수많은

기업을 경험한 컨설턴트로서 도움이 될만한 소재를 찾고 또 그에 맞는 생생한 여러 사례를 담았다. 좀더 열심히, 또 다음 단계를 생각하며 사는 직장인들에게 경험을 담아 팁을 주고 싶었던 것이 글의 출발점이었고 종착지였다.

특히 책에는 역량과 품격이라는 두 가지 관점을 균형 있게 담고자 했다. 직장에서 누구나 가고 싶어 하는 승리와 성공의 길로 가려면 이 두 가지에서 어떠한 자각과 행동 변화가 필요한지를 고민했다. 어려움 속에서도 자신을 길을 개척해 간 선배 직장인들이나, 바람직하지 않은 길에 들어서 실패의 나락에 빠진 여러 직장인의 사례를 보면서 교훈을 얻고자 했다. 바로 위닝 비해비어의 길이다.

책은 총 다섯개 챕터, 23개의 글로 구성되어 있다. 먼저 우리의 삶에서 직장생활이 갖는 의미를 짚어보고(챕터1), 직장생활을 하는 데 필요한 핵심요소들을 정리했으며(챕터2), 성공적인 직장생활을 하려면 피해야 할 사항들(챕터3)과 어려운 고비를 극복하는 방법(챕터4)에 대해 기술했다. 그리고 마지막으로 임원이 되려면 갖춰야 할 자세에 대해서도 생각해 보았다(챕터5).

이 책을 쓰는 내내 직장에 다니는 이들에게 애씀과 수고에 헌사를 바치고 싶은 마음이 들었다. 곳곳에 있는 수많은 직장인의 역할로 기업이 움직이고 나라가 돌아가고 있는데 우리는 어쩌면 이 귀중한 역할을 간과하고 있거나 과소평가하고 있을지 모른다는 생각이 들었기 때문이다. 역사의 수레바퀴를 묵묵히 돌리는 이 땅의 대다수를 차지하는 이들의 노고에 찬사와 격려를 보내고 싶다.

2022년 9월

유인상

목 차

Chapter 3 직장생활 금기사항 다섯 가지

Chapter 4 어려운 상황 대처법

Chapter 5 임원으로 가는 길

Chapter 1

직장생활과 삶

함께여서 하나

Oil on canvas, 65.1 x 60.6, 2020

직장생활의 진정한 성공

"끝날 때까지 끝난 것이 아니다."

미국 메이저리그 스타였던 요기 베라의 유명한 말이다. 그가 뉴욕 메츠 감독으로 있던 1973년 시즌 중반 팀이 꼴찌로 쳐졌을 때, "올 시즌은 이대로 끝난다고 봐야겠죠?"라는 어떤 기자의 질문에 대한 답변이었는데, 그해 뉴욕 메츠는 기적처럼 승수를 쌓으며 지구 우승을 차지하고 포스트 시즌에 진출했다.

골프에도 "장갑을 벗어봐야 안다"라는 말이 있다. 마지막 홀까지 가봐야 승부를 알 수 있다는 뜻이다. 다른 모든 운동도 마찬가지이며 어떻게 보면 우리 인생과 직장생활도 이와 비슷하다. 중반까지 앞섰다고 마지막에도 앞서 있는 것은 아니다. 뒤

집힐 수 있다. 종착점까지 가는 과정에는 꼭 새옹지마를 언급하지 않더라도 예기치 않은 다양한 상황이 벌어진다.

전반의 성공 vs 후반의 성공

이처럼 무엇이든 초반이나 중반의 성공이 마지막 지점에서의 성공을 보장하지 않는다. 시종일관 잘하는 경우가 있지만 그렇지 않은 경우도 빈번히 발생한다. 역전을 당하거나 반대로 역전을 시키는 것이다. 이러한 반전은 운이나 불가항력에 의한 것이 아니라 누적된 꾸준함의 힘이나 실속있게 미래를 잘 준비해온 노력의 힘인 경우가 많다. 반대로 역전을 당하는 경우는 방심이나 자만 또는 미래를 준비하지 못한 불찰 때문이다.

그런 면에서 직장생활의 성공과 실패를 논하는 것도 그 끝 지점쯤이 되어야 제대로 할 수 하는데, 지금 직장생활을 하는 사람에겐 너무 먼 이야기다. 그래서 초반, 중반, 종반 등 시기별로 나누어 그 시점에서 성공이란 무엇인가를 생각해볼 필요가 있다. 직장생활 중반 무렵과 마치는 시점에서 성공을 보는 관점은 분명히 다른 요인이 존재하기 때문이다.

그렇다면 15년 정도 지난 중간 지점에서 성공적인 모습이란 과연 뭘까? 필자는 두 가지 관점이 있다고 본다. 첫째는 일을 통해 조직에 충분히 공헌하고 있느냐이며, 품격과 태도로 주변에서 얼마나 인정을 받고 있는지가 두 번째이다. (이에 대해서는 바로 다음 글 '역량과 품격의 두 날개로 날아야 오래 난다'에서 자세히 살펴볼 것이다.)

주변을 둘러보면 일로써 자신의 가치를 증명하지 못하는 사람들이 있다. 일에 대한 열정이 부족하여 최선의 노력을 기울이기보다는 어느 선에서 멈추는 사람들이다. 역량을 개발하고자 하는 의지도 별로 없다.

또 주변과 조화를 이루지 못하는 불통의 사람도 있으며, 자기 이익에 너무 민감한 나머지 양보나 희생을 모르는 경우도 의외로 많다. 좋지 않은 습관이나 품성이 몸에 밴 사람들이다. 15년쯤 되면 주변에서 판단할 수 있다.

우리는 이런 사람들이 직장생활을 성공적으로 잘하고 있다고 보지 않는다. 그리고 이후에도 상황을 역전시키기가 쉽지 않다는 것을 잘 안다. 그냥 그렇게 가다가 중간에 시드는 직장생활이 된다. 놀라운 것은 이런 사람들이 자기 자신을 잘 모르는 경우가 많다는 것인데, 스스로 결함과 약점을 보지 못하거나 인정하지 않으려는 인간의 '오묘한' 태도 때문이다.

누구나 직장생활에서 성공을 원한다. 그러나 위의 기준에서 보면 누군가는 성공의 길로 가지만 누군가는 실패의 길에 있다. 이도 저도 아닌 공간에 있다고 생각되면 이는 실패에 가까운 길이라고 보면 된다. 그런 사람이 후반부에 국면을 전환하려면 스스로에 대한 성찰과 함께 엄청난 혁신과 도전이 필요하다. 그렇지 않고 그냥 가면 종국에는 어둠 속에 절벽을 마주하는 꼴이 된다.

그런데 가장 안타까운 경우는 서두에서 얘기했듯 중반까지 성공적으로 가다가 마지막에 이르는 과정에서 역전을 당하는 것이다. 야구에서 보면 중반인 5회나 6회까지 이기고 있다가 역전을 당하는 것과 같다. 이와 반대로 직장생활 초반엔 어려움을 겪다가 나중에 잘하는 경우가 있는데 사실은 이런 일은 좀체 발생하지 않는다. 하지만 처음엔 더뎌도 점차 나아지면서 뚝심을 발휘하는 케이스는 분명 존재한다.

후반부 역전이 발생하는 이유

 그렇다면 왜 역전을 당하는 것일까?

 첫째는 인덕의 부족이다. 인덕은 주변 사람을 배려하며 챙기는 삶을 살아야 생기는데 지나치게 자기를 우선하는 삶을 살아가는 사람에겐 그러한 덕이 쌓일 리 없다. 직장생활 후반부로 갈수록 주변에 사람이 없으면 그것은 진짜 고독한 삶이 된다. 직위가 높고 재력이 있으면 다 되는 것이 아니다. 주변에 사람이 있어야 한다.

 두 번째는 역량과 리더십으로 계속하여 인정을 받아야 하는데 위로 올라가면서 그렇지 못하는 경우다. 부하직원일 때와 상사일 때의 역할은 다르다. 상사가 되어 발휘하는 리더십이 갈수록 중요해진다. 자신의 가치는 일과 리더십에서 나온다는 사실은 언제 어디서나 변함없는 진리라는 것을 명심할 필요가 있다. 본질이 뒷받침되지 않으면서 인맥 등 다른 것에 의존한다면 이는 언젠가 무너질 모래성이다.

 세 번째는 건강이다. 안타깝게도 평상시 건강관리를 게을리하는 직장인이 너무 많다. 건강에 문제가 생기면 자신뿐만 아니라 가족과 조직에도 영향을 준다. 필자가 아는 어떤 분은

CEO로 오랫동안 재임하며 주변으로부터 부러움을 샀는데 건강상의 문제로 퇴임하게 됐고, 이후 건강이 치유되지 않으면서 안타까운 상황을 맞이했다.

네 번째는 드물지만, 불법적인 돈의 유혹과 성적인 문제이다. 회사의 돈을 유용하거나 횡령하는 경우, 또는 협력업체로부터 뭔가를 상납받는 경우다. 성희롱, 성추행 등도 공든 탑을 무너지게 한다. 이런 경우는 상위 직급으로 올라갈수록 견제가 줄어들면서 발생하는 만큼 고위직일수록 더욱 조심해야 한다.

이렇듯 인덕, 리더십, 건강, 돈과 성적인 문제 없이 직장생활을 마무리하는 단계에 이른다 해도 여유롭게 웃으며 마침표를 찍으려면 그 이후의 삶에 대한 기대와 자신감이 뒷받침돼야 한다. 제2의 삶을 마주할 때, 할 일이 없어 무기력해지거나 경제적으로 스트레스를 받으면 불행의 시작일 수밖에 없다.

몇 년 전 직장생활을 마무리한 3명의 각기 다른 사례를 보자. A는 대기업에서 내내 잘 나갔던 대표적인 엘리트 직장인이었다. 남들보다 빠른 40대 중반에 임원 반열에 올랐고 7년 정도 재임했는데, 그다음 직급으로 승진이 안 되면서 퇴임하게 되었다. 직장생활 내내 승승장구하였으나 갑작스럽고 쓸쓸한 마무리였다. 재취업이나 창업할 상황도 아니어서 퇴임한 동료 임원이나 친구들과 어울려 골프를 치거나 산에 다니며 소일하고 있다. A는 무료한 일과가 거듭되면서 갈수록 근심도 커지고 있다.

B는 중견기업에서 임원으로만 10년 가까이 재직하였고 퇴임 무렵엔 딸도 출가시켜 후배들은 물론 주변으로부터 부러움을 샀다. 그러나 딸의 출가에 적잖은 돈을 지원한 데다 재직 중에 살던 집을 처분하고 전세로 바꾸었는데 최근 집값과 전세가 폭등하면서 경제적인 면에서 스트레스를 받고 있다. 재테크에 크게 관심을 두지 않고 살아온 B의 경제적인 고민이 이제부터 시작된 것이다. B는 사회적 친목 활동도 차츰 줄여가고 있다.

대기업 부장이었던 C는 임원으로 승진하지 못하면서 명예퇴직을 하게 됐다. 수년간 좋은 실적을 냈음에도 승진의 문턱을 넘지 못한 C는 아쉬움을 뒤로 하고 임원승진 기한을 넘기면서부터 미래를 준비했고, 퇴사 후 재직 시 해왔던 업무를 바탕으로 관련 업종에서 창업을 했다. '업(業)'의 전문성과 영업력, 추진력을 갖춘 C는 곧바로 회사를 기반 위에 올려놓았고 지금은 중소기업을 이끌어가는 대표자가 되었다.

이 세 사람의 예를 드는 이유는 직장생활을 무난하게 잘 마무리했다는 것만으로 충분하지 않음을 얘기하고 싶기 때문이다. A와 B는 임원으로 꽤 장기간 재임하다 퇴직하여 얼핏 C보다 훨씬 성공적인 직장생활을 보낸 것 같지만, 퇴직 이후 2~3년이 지나자 상황은 뒤바뀌었다. 퇴직 후 새로운 삶이 무료한 일상이 되거나 경제적 압박을 받고 있다면 과거 직장생활의 영광이 아무리 훌륭해도 빛바랜 훈장일 뿐이다.

현재를 충실히 살아도 미래를 잘 준비하지 못하면 유쾌하지 않은 미래가 닥칠 수 있다는 얘기다. 따라서 경제적 자유를 높이기 위한 준비, 그리고 새로운 삶에 대한 준비는 중요한 과정이다. 그래서 직장생활 마무리 단계에서 성공이란, 직장에서의 성공을 넘어 그 이후 삶도 건강하고 아름답게 가꾸어갈 기반을 만들어 냈을 때라야 붙일 수 있는 '칭호'이다.

나는 지금 어디에 서 있는가

필자는 '직장생활은 목숨과 같이 소중하다'는 얘기를 종종 한다. 인생의 중심부를 관통하는 중요한 30년 안팎의 세월 동안 자신의 삶이 만들어짐은 물론 그 기간에 가정도, 자녀도 함께

하기 때문이다. 나아가 그 삶은 직장을 그만둔 뒤 제2의 삶에도 심대한 영향을 미친다. 그래서 인생의 진정한 승부 구간이 되는 것이다. 이런 중요한 구간에서 성공하고 싶지 않은 사람이 어디 있겠는가? 그러려면 우선 현재의 직장생활이 먼저 성공의 길에 들어서 있어야 한다.

국민타자 이승엽을 키워낸 전 기아타이거즈 박흥식 2군 감독은 "많은 사람이 승엽이가 성공한 모습만 보는데, 성공하기까지의 과정을 잘 모른다. 이승엽은 죽기 살기로 노력했다. 그야말로 벼랑끝 각오로 해낸 것이다"라고 하면서 "요즘 실내 훈련장 불이 너무 일찍 꺼진다"며 노력을 덜 하는 젊은 선수들을 아쉬워했다. 성공은 타고난 것이 아니라 노력에 의한 것이라는 이 얘기가 가슴에 와닿는 것은 직장에서의 삶을 하나의 루틴으로 바라보는 사람들이 많아서인지 모른다.

성공으로 가는 길은 좁고 실패로 가는 길은 넓다고 한다. 내가 지금 어느 길에 서 있는지 보라. 지금까지 잘 해오고 있는 사람들에게는 역전당하지 않을 대비와 미래를 위한 준비를, 그렇지 않은 사람들에게는 무엇보다 스스로의 부족함에 대한 성찰과 함께 혁신에의 도전을 권한다. 종점까지는 아직 시간이 많이 남아있다.

역량과 품격의 두 날개로
날아야 오래 난다

초등생 자녀를 키우는 부모에게 다음과 같은 두 명의 아이들 유형에 대한 질문을 던져보자.

"공부는 잘하는데 모난 성격이나 행동으로 친구들과 잘 어울리지 못하는 아이와, 공부는 썩 잘하진 못해도 남과 잘 어울리며 친구들을 배려할 줄 아는 아이가 있다고 할 때, 어떤 아이를 원하십니까?"

많은 이가 후자가 낫다고 답하겠지만, 현실로 돌아오면 꼭 그렇지만은 않다. 실제는 공부나 학업성적이 그 무엇에 앞서 우선순위가 되기 때문이다.

직장생활에서도 유사한 질문이 가능하다. "업무 능력과 품격 중에 무엇이 더 중요한가?"를 질문하면, 당연히 둘 다 중요하지만, 누군가는 '능력'이 더 중요하다고 답할 것이고 누군가는 '품격', 즉 태도와 인성이 더 중요하다고 답할 것이다. 또한, 직장생활 초입에 있는 사람과 경륜이 쌓인 선배 직장인의 답은 다르게 나타날 가능성이 있다.

필자는 『어느 부사장의 30년 직장 탐구생활』이란 책을 냈을 때 한 일간지 기자에게서 이와 비슷한 질문을 받았다. '직장생활 선배로서 후배들에게 능력과 태도 중 무엇이 중요하다고 보는지' 얘기해 달라는 것이었다. 직장생활에서 이러한 질문은 끝없는 화두이다.

욕설과 폭언의 상사, 그 말로

필자는 직장생활을 처음 시작한 회사에서 4년 가까이 근무하며 3명의 부장을 모셨다. 그중 한 부장은 아랫사람을 쥐어짜는 능력이 탁월했다. 업무 중에 마음에 들지 않거나 원하는 결과가 나오지 않으면 맨 뒷자리 창가 쪽에 있던 부장 자리로 직원을 불러 혼을 냈다. 고압적인 스타일에 여러 욕설을 섞어 몰아붙이는데 듣고 있는 다른 직원들도 몹시 부담스러웠다. 마치 옆방에서 동료가 고문받는 상황이랄까. 그렇게 혼나지 않기 위해서라도 부장 마음에 들도록 노력해야 했다.

그래서인지 부서는 목표달성에서 크게 뒤지지 않았다. 20명 남짓 됐던 그 부서에서 모두가 그렇게 혼나는 것은 아니었지만, 부장의 질책이 있을 때마다 부서 분위기는 엉망이었다. 그러다 그해 최초로 다면평가 방식이 시범 도입되었는데 부하직원이 자기 상사를 평가하는 방식이었다. 회사의 많은 부장 중에서 그 부장이 가장 나쁜 평가를 받았음은 물론이다.

위의 사례는 다소 극단적이지만 리더의 위치에 오른 사람들의 대표적인 유형 중 하나이다. 부하직원의 어려움에 함께하기보다는 억압하거나 상처를 주면서 성과를 창출하는 사람들은 어디에나 있기 마련이다. 품격이란 찾아볼 수 없는 사람들이다. 그래서 어찌 되었을까? 비교적 성과를 잘 냈던 그 부장이 임원으로 진급했을까, 아니면 부장으로 끝났을까?

회사에서 일하는데 필요한 업무 능력을 갖추는 것은 기본이다. 자기가 맡아서 하는 일의 ABC를 책임지지 못한다면 직장인으로서 자격이 없다. 출발선이 같아도 기본적인 역량이 갖춰

지지 않거나 노력을 남보다 게을리하면 시간이 흐르면서 위치가 달라지기 마련이다.

직장은 주어진 일과만 반복해서 하거나, 시키는 일만 잘하면 되는 곳이 아니다. 일을 배운 후에 업무에 익숙해질 어느 시기가 되면 자기 일에 창의성을 발휘하여 그 이전보다 더 높은 효율과 생산성을 줄 수 있어야 한다. 업무의 품질도 높여야 한다. 당연히 개인적인 노력이 뒷받침되어야 하고 역량도 있어야 가능하다.

그리하여 일정 시간이 지나면 자신의 업적이 무엇인지를 자신 있게 얘기할 수 있어야 한다. 그러려면 자기 일에 대한 챌린지가 필요하다. 하던 일만 안정적으로 잘해선 안 된다. 그래선 안정적으로 조용히 사라질 수 있다. 도전과 창의가 없으면 그렇게 될 수 있다.

한번은 고객가치경영실로 확대 재편된 고객사의 실장을 만난 자리에서 고객가치경영실이라는 이름에 맞는 역할이 필요함을 조언했다. 이전 조직에서 하던 일을 넘어 업무에 새로운 챌린지가 그 실장과 조직에 필요한 때였다.

고객이 어디에서 가치를 느끼는지 파악하여 그 가치를 올리려면 어떤 활동을 더 해야 하는지를 제시할 수 있는 새로운 고객가치 전략 수립을 권고했다. 새로운 관점에서 회사에 새로운 가치를 제안하여 혁신과 성장에 기여하는 자신만의 깃발을 꽂아야 새로운 기회도 만들어짐을 역설한 것이다.

앞으로의 전진은 변화와 혁신이라는 챌린지의 과정을 통해 가는 것이다. 이를 망설이다 실행하지 못하면 결국 전진은 멈춘다. 자신이 꽂은 깃발이나 자신의 이름으로 만든 업적이 없다면 전진하는 데 한계가 있다. 고객사 실장은 권고를 받아들여 전략을 수립했다.

능력을 이기는 것이 품격

그런데 직장에서 업무 역량만으로 승승장구하고 순항할 수 있을까? 그렇지 않다. 일을 잘하는 능력은 성공적인 직장생활에서 필요조건이지, 필요충분조건이 아니다. 역량과 함께 품격을 갖춰야 한다. 앞서 기자의 질문에 대한 필자의 대답도 "직장생활은 역량과 품격의 두 날개로 날아야 한다"였다. 새가 한쪽 날개로만 날 수 없듯이 역량이란 한쪽 날개일 뿐이다. 품격이라는 날개가 반대편에 있어야만 제대로 오래 날 수 있다. 성공적인 직장생활은 역량과 품격의 두 날개로부터 비롯된다.

조직은 혼자 일하는 공간이 아니다. 상하좌우 업무의 파트너가 있고 고객이 있다. 팀을 이루어 일하면서 서로 영향을 주고받는다. 서로 소통하면서 선하고 긍정적인 영향을 파트너에게 줄 수 있어야 한다. 그래서 품격이 중요하다. 파트너와 고객으로부터 인정받고 존중받을 수 있는 품격이 있어야 한다.

그렇다면 품격이란 무엇인가? 일본 최고의 심리 카운슬러인 오노코로 신페이는 『관계의 품격』에서 "품격이란 대단한 것이 아니다. 무의식중에 한 실언, 늘 입에 달고 다니는 불만 가득한 말투, 섣부른 마음에서 베푸는 어설픈 친절 등 '일상 속 실수'의 빈도를 줄이면 된다. 그래야 '말과 행동에 깊이가 느껴지는 사람', '누구나 곁에 두고 싶은 사람'이 될 수 있다"고 말하고 있다. "가만히 있어도 인품이 느껴지는 사람, 불필요한 갈등을 일으키지 않는 사람, 예의를 아는 사람... 이런 사람들이 주변에 있을 때 나의 격도 함께 올라간다"며 품격을 인성과 태도가 어우러진 것으로 설명했다.

미국의 저명한 비즈니스 매너 컨설턴트 로잔 토머스도 『태도의 품격』이라는 저서에서 '능력을 이기는 것이 태도'라는 것을 여러 사례와 함께 설명하고 있다. 그는 "실수로 또는 고의로 상대방에게 무례히 행동하거나 상처를 준 언어와 행동들은 사람의 관계를 원만치 못하게 하고 주변으로부터 인정받지 못하게 한다"라며 이런 사람은 직장뿐만 아니라 사회 공동체 생활을 잘할 수 없다고 한다.

로잔 토머스는 또한 △ '상대방에 대한 존중과 배려가 품격의 시작이다' △ '실망에 대처하는 태도야말로 다른 사람들이 당신의 품격을 평가하는 척도가 된다' △ '경청하고, 표현은 신중히 해라. 그리고 판단하기보다는 이해하려 해라' △ '언제나 다른 사람의 처지에서 생각하려고 노력하라' △ '디지털 커뮤니케이션에 남겨진 SNS의 흔적은 평생 따라다닌다'고 말한다. 남에 대한 존중과 배려의 마음, 주변과의 소통능력, 프로다운 자세 – 이 세 가지를 꼽고 있는 것이다. 그는 "태도의 품격이 좋으면 다른 사람과의 관계가 좋아지며 이의 보상으로 자기 자신과의 관계도 좋아진다. 이것이야말로 성공이다"라며 결론을 맺는다. 우리가 음미해볼 만한 말이라고 생각된다.

품격은 인정과 외면의 기준

직장생활뿐 아니라 삶 전체도 마찬가지다. 역량과 품격을 갖춰 직장생활을 잘하는 사람이 다른 데서도 인정받는 것은 당연하다. 친구들 사이에서나 가정, 개인이 소속한 사적인 커뮤니티에서는 오히려 품격이 더 중요하다.

회사에서 고위직까지 올라간 사람일지라도 품격의 향기가 없다면 성공한 직장생활을 했다고 보기 어렵다. 주변을 돌아보지 못하고 남에게 정신적인 피해를 주는 이기적인 사람은 결국은 길게 오래 가지 못한다. 조직에서 외톨이가 되기 쉽다. 품격에 대한 평판은 오래 남기도 하고 멀리 퍼진다.

오피니언 리더 계층에 있더라도 품격이 떨어진다는 평가를 받는 사람들은 존중받기 어려울뿐더러 주변으로부터 외면받아 결국엔 삶이 고달파진다. 남의 말 듣지 않고 자기 얘기만 하는 사람, 입으로만 얘기하고 솔선수범하지 않는 사람, 이중적이거나 가식적인 사람, 숟가락 올려놓는 것은 능한데 책임은 회피하는 사람, 뒷담화로 누군가를 늘 비난하는 사람, 마음에 들지 않는다고 다양하게 괴롭히는 상사, 남을 인정치 못하고 시기와 질투가 몸에 밴 사람… 이런 사람이 주변에 있다면 삶이 피곤해진다. 나부터 그렇게 되지 말자.

조직을 보자. 주변에 능력도 있고 품격도 갖춘 사람이 누구인가? 자신을 성찰해보자. 나는 일만 잘하는 사람인가? 일도 잘하고 품격도 있는 사람인가? 누군가를 롤 모델로 삼듯 나도 누군가의 롤 모델이 될 자격이 있는가? 그렇게 노력하고 있는가? 역량과 품격의 두 날개로 날아야 오래 날 뿐 아니라 그 여정이 아름답고 향기가 난다.

『미래를 경영하라』로 유명한 톰 피터스에 의하면 '친절함, 정중함, 품위 있는 행동, 남에 대한 사랑과 배려, 사려 깊은 행동'이 인격을 고양시키는 방법이라고 한다.

아침마다 일찍 출근하여 어제 있었던 일에 대해 잠시 성찰의 시간을 갖자. 상대방의 관점에서 내가 했던 일을 반추해보면 보이는 것들이 분명 있다. 잘못된 것은 잘못된 것으로 받아들이고 그것을 정리하여 오늘 반복하지 않도록 습관화해야 한다. 바로 옆 동료, 상사, 후배가 나의 거울임을 잊지 말자. 이러한 작은 습관의 시작이 나의 품격을 다듬어 줄 수 있다. DNA

가 지배하게 놔두지 말자. 이것은 훈련으로 가능할 수 있다. 직장생활뿐만 아니라 삶에서도.

앞서 언급한 부장은 성과를 인정받아 임원(이사대우)으로 승진했다. 그러나 2년 만에 불미스런 일로 물러났다. 갖추지 못한 품격이 자초한 일이었다.

일과 삶의 균형, 워라밸로 가는 길

직장인들은 야근이 없는 직장과 연봉이 높은 직장 중 어디에서 일하고 싶을까? 취업 포털 「인크루트」가 2018년 직장인 1,209명을 대상으로 '좋은 일터'의 조건에 대해 설문 조사한 결과, '자유롭고 소통이 잘되는 회사'(32%), '워라밸'(18%), '우수한 복지'(13%) 순으로 높게 나타났고, 연봉을 선택한 비율은 그보다 낮은 10%였다. 다니고 싶은 좋은 회사의 기준이 돈보다는 자유로움·소통·워라밸 등 기업문화적 가치에 있다는 의미이다.

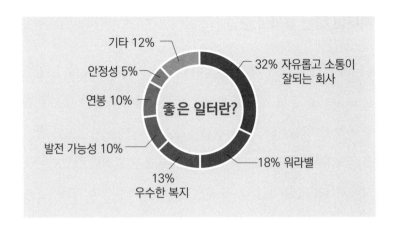

꼭 이 조사결과가 아니더라도 우리는 바야흐로 일과 삶의 균형을 중시하는 워라밸(Work and Life Balance)의 시대에 살고 있다. 워라밸은 최근 들어 욜로(YOLO, You Only Live Once), 소확행(소소하지만 확실한 행복) 등 젊은 층을 중심으로 형성된, 삶에서 행복을 추구하려는 흐름과 맥을 같이 하고 있다.

불확실한 미래를 걱정하며 이에 대비하기보다는 현재 삶의 질을 높여줄 수 있는 해외여행, 맛집 탐방 등을 중시하는 욜로나, 커피 한잔, 산책 등 일상의 소소한 활동에서 행복의 가치를 찾는 소확행은 모두 개인의 행복한 삶을 중시하는 이 시대의 대표적인 소비문화 추세이다.

저녁이 있는 삶의 소중함

이런 흐름 속에서 워라밸은 지나친 일 중심에서 벗어나, 일과 삶의 균형을 통해 개인과 가정의 행복을 추구하려는 새로운 직장 문화로 떠올랐다. 매년 생활문화의 트렌드를 키워드로 발표하는 서울대 김난도 교수는 일찍이 『트렌드 코리아 2018』이란 책에서 워라밸을 새로운 트렌드로 예측한 바 있다. 특히 밀레니얼 세대가 직장에 들어오기 시작한 몇 년 전부터 이러한 흐름은 더욱 커지고 있으며 이제는 전 세대를 관통하는 직장 문화의 주류가 되어가고 있다.

워라밸은 '공급자'의 위치에 있는 회사의 관점에서 봐도 조직 관리에 긍정적인 측면이 많다고 한다. 즉, 일에 매몰되지 않고 충분한 여유시간을 보장하는 것이 개인의 삶의 행복을 실현함과 동시에 직장에서 일의 효율성도 높인다고 보는 것이다. 따라서 기업의 워라밸 도입은 새로운 흐름을 받아들이는 동시에 이러한 긍정 효과를 기대하고 있다.

워라밸은 여가를 중시하는 젊은 세대를 중심으로 출발하였지만, 가정이 있는 세대들이 직장과 함께 가정도 중요하게 인식하면서 삶의 새로운 문화로 증폭되었다. 가정을 도외시한 직장의 행복이 있을 리 없고, 직장과 일의 가치를 외면하는 가정의 행복추구 또한 허망할 수 있기 때문일 것이다.

만약 일과 삶의 균형이 유지되지 않고 한쪽으로 치우친다면 불만이 싹틀 수 있다. 그런 사례는 많다. 직장에서는 능력 있고 책임감 있는 사람으로 인정받지만 가정에서는 늘 불만의 대상이 되는 경우나, 반대로 가정에선 인정받아도 직장에서는 뒤쳐지거나 왕따인 경우도 있다. 워라밸로 가는 길목에선 과거와 달리 어느 한쪽을 희생해서는 진정으로 행복한 삶을 만들어가기 어렵다. 직장생활을 다룬 어느 블로그에 소개된 사례를 보자.

회사의 주요 직책을 맡은 L팀장이 갑자기 사의를 표명했다는 소식이 들려왔다. 내용을 들어보니 야근과 주말 근무 등 쉴새 없이 계속되는 일로 어린 자녀들과 시간을 함께하지 못하는 등 가정에 소홀하면서 문제가 생겼다고 한다. 몇 년째 휴가도 제대로 못 갔던 L팀장은 가족을 설득하는 과정에서 조만간 해외여행을 함께 가겠다고 약속했다. 그는 그때까지 해외여행을 가족과 한 번도 가지 못했던 터였다. 그런데 문제는 한 달 동안이나 여행을 가겠다고 약속한 것이다. 한 달씩이나 휴가를 낸다는 것은 상상하기 어려웠는데 알고 보니 퇴사까지 고려한 생각이었다.

팀장이라는 직무를 잘 수행하기 위한 책임감에 제대로 된 휴가와 휴식 없이 오랜 기간에 걸쳐 일에 매진하며 달려온 L팀장은 사실 본인도 지쳐있었고, 그러다 보니 다 내려놓고 쉬고 싶다는 생각을 한두 번 한 것이 아니었던 모양이다. 안타까운 일이었으나 이런 일로 일 잘하는 팀장이 회사를 떠난다는 것은 말도 안 되는 일이었다. 회사에서는 L팀장의 딱한 사정을 고려하여 한 달짜리 특별 휴가를 보냈다. 이 일로 다행히 회사에서는 휴가와 휴식에 대한 개념을 많이 바꾸었다. 특히 가족과 함께 해외여행을 가고 싶다는 직원들의 니즈가 얼마나 강렬한지를 알게 된 것이다.

보편화되는 워라밸

위의 사례에서 보듯 야근이나 주말 근무가 많으면 직원들뿐 아니라 가족 구성원도 불만이 생긴다. 직장의 중심축인 30대, 40대는 회사나 일 때문에 계획된 휴가에 지장이 있거나 가정과 자녀를 돌볼 수 없는 상황이 발생한다면, 가족에게 미안함은 물론 아쉬움과 불만이 클 수밖에 없을 것이고, 일의 집중력이 떨어질 수밖에 없다.

다행히도 최근에는 직원들이 눈치를 보며 휴가를 가는 회사는 거의 없다. 해외여행이나 충분한 휴식을 위해 10일 이상 긴 휴가도 인정해 주는 추세이다. 또한, 야근 없는 정시 퇴근으로 가능하면 직원들의 '저녁이 있는 삶'을 보장해 주려 한다. 남자 직원들의 출산휴가, 육아휴직도 처음에는 어색했고 지금도 불편하게 느끼는 경우가 있으나 차츰 나아지고 있다.

그래서 대기업을 비롯한 많은 회사가 커지는 직원들의 워라밸 욕구에 맞춰 회사 정책을 전환하고 있다. 정시 퇴근은 물론 휴가, 복지, 문화 프로그램과 함께 자유로운 출퇴근제도나 재택근무 등 직원들의 여유로운 삶을 지원하고 있다. 워라밸을 향한 기업의 주도적 변화는 변화하지 않으면 안 되는 사회문화적 흐름과 맞닿아 있고, 기업의 평판과 직결되어 있다. 불과 몇 년 전 중견기업 H사에 있었던 사례를 보면 그 교훈을 얻을 수 있다.

배우자 출산휴가가 1일에서 3일로 확대된 지 얼마 되지 않았던 즈음, 첫 자녀 출산을 앞둔 남자 직원이 법적으로 가능한 3일의 출산휴가를 신청했다. 법적으로 보장이 된 휴가임에도 그동안 휴가에 인색했던 회사는 이에 부정적이었다. 남자 직원이 3일씩이나 출산휴가를 갈 필요가 있느냐, 예전처럼 하루면 충분하지 않으냐는 시각이었다. 한편에서는 일이 바쁘지 않으니 3일씩 휴가를 내는 것이라고 비아냥대듯 바라보기도 했다.

이런 기류에서 이 직원은 결국 휴가를 정식으로 승인받지 못했는데, 이 직원을 비롯한 비슷한 세대들은 이에 크게 실망했다. 순간적으로 화가 났던 그 직원은 참지 못하고 사표를 내기에 이르렀다. 부서장과 면담 끝에 결국 사의를 철회하기는 했지만, 이 일은 회사에서 크게 이슈가 되었다. 사내 분위기는 엉망이 되었고 그렇지 않아도 휴가를 마음대로 쓰지 못하는 현실에 낙담하던 직원들은 회사에 대한 불만이 더욱 커졌다.

이처럼 일과 삶의 균형을 추구하는 워라밸의 큰 흐름을 회사가 경시한다면 그 회사는 직원들로부터 원망을 사는 것을 넘어 외부에도 부정적인 낙인이 찍힐 수 있음을 명심해야 한다. 직장인 익명 앱인 「블라인드」나 「잡플래닛」같은 기업평가 사이트에 들어가 보면 야근이나 주말 근무를 얼마나 많이 하는지, 휴가에 인색한지, 기업의 문화는 어떤지, 상사들은 얼마나 꼰대인지 등 전·현직 직원들의 평가가 나와 있다. 아무래도 부정적인 평판이 많은 회사는 외부의 좋은 인재들이 지원을 꺼리게 되고, 직원들에게도 자부심을 주기가 어렵다.

많은 기업이 제도와 문화를 직원들의 욕구에 맞춰 유연하게 바꾸고 있는 것은 좋은 인재를 얻고 또 지키기 위한 목적이 크다. 직원들의 여가를 보장하고 최적의 상태에서 일할 수 있도록 근무환경이나 복지제도를 새롭게 개선하는 것은 업무 능률뿐만 아니라 직원들의 회사에 대한 로열티와 자부심을 겨냥한다는 의미이다. 이런 흐름에 워라밸이 중심에 있는 것이다. 용어는 다를지 몰라도 핵심은 직원들의 강력한 니즈, 즉 워라밸을 타겟으로 하는 것이다.

업무에서 인정, 워라밸의 출발

과거에는 회사의 제도나 관습 또는 문화 자체가 일 중심으로만 치우쳐 있었기에 워라밸은 한계가 있었다. 그러나 이제는 대부분의 기업이 워라밸 여건 마련을 위해 노력하고 있어서 워라밸로 가는 길은 많이 평탄해졌다. 누구나 워라밸을 누릴 수 있는 환경으로 차츰 나아가는 것이다.

그런데 직장인들은 워라밸을 어떻게 실천하는 것이 좋을까? 여가를 즐기는 것이 능사는 아닐 것이다. 워라밸을 추구하되, 자신의 '업(業)'을 먼저 확고히 해야 한다. 직장에서 일과 위치가 단단하지 못하고 어정쩡한 상태라면 워라밸은 불안해지기 때문이다. 직장은 적당히 편하게 있으면 되는 공간이 아니라

지나야 할 다음 스텝이 있고 올라가야 할 사다리가 있는 경쟁의 공간임을 잊어선 안 된다.

법무법인, 회계법인, 컨설팅이나 리서치 회사 등 전문적인 일에 종사하는 사람들은 근무 강도가 세기로 유명하다. 회사에서 강요하는 것이 아니라 직장이라는 전쟁터에서 지지 않고 승리하기 위해 스스로 책임을 다하는 것이다. 일반 기업도 마찬가지로 전쟁하듯 일을 하는 곳이 있다. 경쟁이라는 전투에서 이겨야 하고 그러려면 고객으로부터 선택받아야 하기 때문이다.

이처럼 진정한 워라밸은 직장에서 자기 일과 역할에 책임을 다할 때 더욱 빛나는 것이다. 직장에서 인정받지 못한 상태에서 워라밸은 공허하다. 자신이 하는 일의 가치가 인정받고 또 스스로 만족할 수 있으며 자부심을 가질 수 있어야 한다. 그래야 일상으로 돌아와서 제대로 된 휴식과 쉼을 만끽할 수 있다.

그렇다고 무엇을 희생하며 일 중심이 되어야 한다는 뜻이 아니다. 일에도 중요한 시기가 있듯 개인에도, 가정에도 중요한 시기가 있다. 그 중요한 시기들을 놓치면 안 된다. 또 일에 집중할 때가 있고 휴식을 취해야 할 때가 있다. 그 균형을 잘 잡아야 한다. 모두 스스로 판단하고 취해야 할 몫이다.

업무역량, 그리고 소통

너와 나
Oil on canvas, 90.9 x 72.7, 2022

역량을 만들어 내는 세 가지 습관

　타고난 성격이나 기질을 고치기는 매우 어렵다. 그러나 습관은 다르다. 고치거나 새롭게 만들어 갈 수 있다. 좋은 습관으로 직장에서 역량을 끌어 올릴 수 있고 좋은 평가를 받을 수 있다면 마다할 이유가 없다. 습관을 얘기하는 이유다.

　러시아의 대문호 도스토예프스키는 "습관은 인간으로 하여금 어떤 일이든지 하게 만든다"고 했는데, 습관이 삶에서 그만큼 중요하며 좋은 습관은 미래도 바꿀 수 있다는 뜻이다. 타고난 것이야 어쩔 수 없다지만 습관은 그렇지 않기에 꿈을 꾸는 사람이라면 도전할 가치가 있다. 직장에서라면 더욱 그렇다.

아주 작은 습관의 힘

거창한 습관을 얘기하는 것이 아니다. 『아주 작은 습관의 힘』의 저자 제임스 클리어의 경험과 고백을 보자.

"더 이상 아무것도 할 수 없었던 그때, 조금씩 시도한 아주 작은 일들이 나를 바꾸었다. 사소하고 별것 아닌 일이라도 몇 년 동안 꾸준히 해나가면 정말로 놀랄만한 결과가 나타난다."

고등학교 때 촉망받던 야구선수였던 그는 연습 도중 날아든 야구 방망이에 얼굴을 맞아 얼굴 뼈가 30조각이 나는 끔찍한 사고를 당한다. 죽을 고비를 넘기고 대학에 입학해 재활하며 다시 야구선수로 되돌아가는 과정에서 몸이 예전으로 회복되지 않아 절망의 시간을 보낼 수밖에 없었다. 그때 그가 들이기 시작한 두 가지 습관은 그를 절망에서 빠져나오게 했고 삶에 자신감을 부여했다. 자신감을 회복한 제임스 클리어는 거듭난 삶으로 사고 6년 후 마침내 대학 최고 선수로 선정되기에 이르렀다.

제임스 클리어가 들인 습관은 무엇이었을까? 놀랍게도 첫째는 일찍 잠자리에 드는 수면 습관이었고, 둘째는 방을 깨끗이 치우고 정리하는 것이었다. 좀 황당해 보이는 작은 습관들이지만, 그에게 '스스로 인생을 관리하고 있다'라는 느낌을 주었다고 한다. 그 느낌은 삶의 자신감으로 이어졌으며 이는 이후 있을 커다란 변화의 시작이었다.

직장에서 역량을 만들어 내는 귀한 습관도 무언가를 통째로 바꿔야 할, 하기 힘든 것이 아니다. 제임스 클리어의 예처럼 자그마한 것에서 좋은 습관을 갖는 것으로부터 출발한다. 습관은 복리로 작용한다고 하지 않던가. 꾸준히 반복해서 하다 보면 눈덩이를 굴리는 것처럼 확대 재생산된다. 작은 성공의 자신감은 큰 성공으로 이어진다.

그렇다면 직장생활에서 갖추기 쉬우면서 효과가 있는 습관은 무엇일까? 여러 가지가 있겠지만 그중에서도 정리, 메모, 성찰 세 가지를 꼽고 싶다. 이 세 가지는 누구나 마음먹으면 어렵지 않게 할 수 있다.

정리, 메모, 성찰

먼저 정리다. "정리 잘하는 직원이 일 잘하는 직원이다." 『정리의 스킬』이란 책을 낸 유영택 작가의 얘기다. 전적으로 동감

한다. 직장에서 보면 책상 정리가 잘되어 있는 사람과 그렇지 않은 사람이 있다. 우리는 경험상 전자에 신뢰를 주고 후자는 미덥지 않게 보는 경향이 있다. 책상 정리가 되어 있지 않은 것은 그 사람의 특성을 대표하는 행태의 하나이다. 그것은 좋지 못한 습관이기 때문이다. 다른 일에서도 그럴 가능성이 있다고 보는 것이다.

하루에 20분이면 충분하다. 아침에 10분, 퇴근 전에 10분이다. 퇴근 전에는 눈에 보이는 것을 정리한다. 책상, 서랍, 서랍장이 대상인데 서류나 파일은 그때그때 정리하는 습관을 들이는 것이 좋다. 좋은 자료나 정보는 '에버노트'나 '네이버 keep' 같은 앱을 활용하여 수시로 정리해 놓자. 아침엔 마음의 정리가 좋은데 어제 한 일과 그날 해야 할 일을 정리하고 짚어본다. 이때 메모와 성찰도 병행하면 더 좋다. 해야 할 일이 명확해짐을 느낄 수 있을 것이다.

사실 정리는 간단한 일이다. 귀찮아서 하지 않을 뿐이지, 어렵지도 않고, 오랜 시간이 걸리지도 않는다. 누구든지 쉽게 할 수 있는 일이다. 유영택 작가는 말한다. "정리를 못하는 사람은 없다. 정리를 안 하는 사람만 있을 뿐이다." 정리는 업무의 효율을 높여줌과 동시에 심리적 안정과 자신감도 준다. 함께 일하는 사람들에게 긍정적인 인상을 줄 수 있는 가장 쉬운 길이기도 하다.

　두 번째로 메모다. 메모를 하면 일을 명확하게 진행할 수 있고, 생각을 정돈할 수 있으며 새로운 아이디어를 낼 수 있다. 『메모의 재발견』이란 책으로 유명한 사이토 다카시는 "성공으로 나아가는 유일한 길은 사소한 깨달음과 생각들을 쌓아가는 것이며, 이를 가능케 하는 최고의 수단은 메모다"라고 말한다. 메모는 우리가 생각하는 것 이상으로 중요하다.

　그러면 메모는 어떤 방식으로 하는 것이 좋을까?

　먼저 자신이 해야 할 업무를 일과가 시작되기 전에 그날그날 메모(리스트업)해야 한다. 메모를 하면 일의 순서와 방법이 어느 정도 정리된다. 업무를 어떻게 진행했는지 메모를 보며 점검하고 성찰하다 보면 놓치는 일도 없고 업무가 보다 정교해진다.

　또한, 유용한 정보나 좋은 자료, 떠오른 생각들을 머릿속에만 두지 않고 메모하거나 저장해놓아야 한다. 이런 습관이야말로 새로운 지식과 창의의 원천이 된다. 머릿속에 담아두면 얼마 가지 않아 망각하게 되며 나중에 찾기도 어렵다. 그런 경험이 얼마나 많던가. 우리 두뇌를 너무 신뢰하지 말자.

필자가 아는 어느 대기업의 CEO는 메모광이다. 언젠가 결혼 식장에서 그 CEO와 같은 테이블 바로 옆자리에 앉은 적이 있 다. 그분은 결혼식 와중에 수시로 수첩을 꺼내 뭔가를 메모했 다. 무엇을 메모하는지 물었더니 순간 떠오른 생각이 있어 적 었다는 것이다. 조그만 그 수첩은 깨알 같은 글씨로 가득했다. 그분은 혁신과 아이디어가 중요한 마케팅 분야에서 국내 최고 전문가로 현재 10년 넘게 대기업의 CEO로 재임하고 있다. 메 모의 습관은 그에게 새로운 인사이트를 제공했을 것이다.

디지털시대에 웬 아날로그형 메모라고 얘기할지 모르겠다. 메모는 자기만의 노트나 수첩이어도 좋고 스마트폰 앱을 활용 해도 된다. 메모앱은 매우 편리한 도구다. 메모한 내용을 수시 로 보다 보면 새롭거나 좋은 생각들이 덧붙여진다. 해야 할 일 을 점검하고 정리하는데도 아주 긴요하다.

메모의 중요성에 대해서는 유영택 작가의 『단지 메모만 했을 뿐인데』라는 책을 참고할 만하다. 유영택 작가는 메모를 습관 화하면 삶이 변화되고, 활력이 넘치며, 어쩌면 성공으로까지도 이어지는 '기적'을 만날 수 있다고 한다.

세 번째는 성찰이다. 성찰의 사전적 의미는 '자신이 한 일을 깊이 되돌아보는 일'이다. 어제 한 일들을 생각해보면 온전치 않은 일들이 있을 수 있다. 일과 '업(業)'을 구성하는 문자와 언어와 행동과 시간을 제대로 했는지 매일같이 스스로 살펴보는 것이다. 할 일을 하지 않은 것이 무엇인지, 하지 말아야 할 일을 한 것이 무엇인지를 되돌아보는 것이다.

'인간은 생각하는 갈대'라는 말로 유명한 파스칼은 "사람은 두 부류가 있는데 스스로 죄인이라고 고백하는 의인과 스스로 의인이라고 생각하는 죄인이다"라며 성찰과 겸손의 중요성을 동시에 일깨워줬다. 성찰이 없는 사람에겐 자신을 비춰주는 거울이 없다. 그러니 제대로 된 자기 모습이 무엇인지 알 리 없고, 주변과 동반자로부터 외면받기 쉽다.

성찰은 나의 잘못을 되돌아볼 시각을 제공하고 그만큼 나를 겸손하게 한다. 반면 성찰이 없으면 오만해지기 쉽고 더 나은 모습으로 발전할 수 없다. 사람은 성찰을 통해서 자신을 가다듬을 수 있으며 새로운 모습으로 거듭날 수 있다. 성찰의 습관화는 그래서 필요하다.

성찰도 습관화할 수 있다. 이른 아침이나 자기 전 10분만 내어 고요히 성찰의 시간을 가져보자. 가능한 한 이른 아침을 추천한다. 되돌아보고 깨닫고 또 다짐하는 시간을 갖는 것이다. 매일 습관화된 성찰의 시간을 통해 놀라운 변화를 체험할 수 있다. 필자는 1시간 정도 일찍 출근하는 것을 강조하고 있는데, 이른 아침은 성찰과 함께 정리와 메모의 습관화를 위한 귀한 시간이 될 수 있기 때문이다.

매일 실행여부를 체크하라

습관은 하루 이틀에 그치지 말고 매일 반복하여 실행하는 습관으로 만들어야 한다. 가장 어려운 '습관화'다. 좋은 것을 알고 깨달은 것으로 그치면 아무 소용이 없다. 이를 계속해서 실천하는 행함이 있어야 한다. 다이어트하는 사람들이 방법을 몰라서 못하는 것이 아니다. 바로 실행하지 않거나 몇 번 하다 말기 때문에 실패한다. 작심삼일인 것이다.

컨설팅 아이템 중 '실행역량 강화'란 것이 있다. 사람들이 일(업무)의 성공을 위해 무엇을 어떻게 하면 좋은지 알고는 있지만 이를 실행에 잘 옮기지 않기 때문에 만들어진 컨설팅 기법이다. 이 컨설팅은 작심삼일을 반복하는 사람들의 꾸준한 실행을 도와준다.

핵심은 매일 실천할 행동 목표를 정한 다음, 이의 실행 내용을 기록하고 제대로 했는지 점검(성찰)하는 것이다. 업무는 작은 조직 단위로 여러 사람과 함께 점검하지만, 개인적인 목표는 스스로 점검해야 한다. 스스로 과정과 결과를 기록하며 점검하다 보면 더 잘하고 싶은 욕구와 함께 동기부여가 되는 경험을 할 수 있다. 앞서 제임스 클리어의 예처럼 자신을 통제할 능력과 자신감이 생기게 되는 것이다. 이 과정을 되풀이하다 보면 실행은 더욱 습관화된다. 다이어트도 이렇게 하면 성공확률이 높아진다.

정리, 메모, 성찰의 습관화는 실행의 습관화와 서로 맞물려 돌아가는 체인과 같다. 습관을 들이려면 처음에는 힘들지만, 일단 자리 잡고 나면 매일 아침에 일어나 양치질을 하는 것처럼 자연스러운 일상이 된다. 직장이든 삶이든 좋은 습관을 하나도 만들지 못하면서 무엇을 성취할 수 있을까? 곰곰이 나의 습관을 성찰해보자.

나의 소통지수는 얼마인가

A팀장은 업무에 대한 자신감이 있다. 자신의 판단이 부하직원보다 늘 옳다고 생각한다. 팀원들의 의견을 잘 듣지 않거나 무시하고 독자적 판단과 지시로 팀을 이끌어간다. 어쩌다 누군가 다른 의견을 내기라도 하면 타박하기 일쑤다. 팀의 성과는 나쁘지 않은 편이지만, 팀원들은 독불장군식으로 팀을 끌어가는 팀장에 대한 불만이 크다.

B팀장은 영향력 있는 상사나 자신이 필요한 사람에겐 먼저 친화적인 모습을 보이지만 그렇지 않은 사람에겐 형식적이거나 무뚝뚝한 편이다. 게다가 팀원들의 이야기에 귀 기울이지 않고 이들의 고충에도 적극적이지 않다. 마음에 들지 않은 상황이면

심하게 역정을 내기도 한다. 이런 팀장의 모습에 팀원들은 내심 '위선'이란 단어를 떠올린다.

C팀장은 팀원들의 의견을 듣는 과정을 거치지만 늘 자신만의 확실한 결론이 있다. 자기주장이 지나치게 강하고 한번 낸 자기 의견에 집착한다. 팀장과 다른 의견이 채택되는 경우는 거의 없다. 팀원들은 자유로운 의사 표현을 주저한다. 새로운 의견이나 아이디어는 사장되기 쉽다. 표현에 대한 체념이 일상화된 팀의 분위기는 밝지 않다.

첫 번째 사례는 경험이 많은 상급자가 늘 자기 판단이 옳다고 생각하는 경우이다. 아예 팀원들의 의견을 듣지 않는 전형적인 독재적 리더십이다. 두 번째 사례는 상대에 따라 태도가 변하는 이중적인 유형이다. 위로는 귀가 열려 있지만 팀원들과는 거리감이 있다. 세 번째 사례는 커뮤니케이션 과정은 있지만 형식적이다. 자신의 프레임대로 판단하고 결정하는 확증편향의 모습이다.

위 세 개의 사례 모두 제대로 소통하지 못하는 불통의 대표적인 모습이다. 이들을 직원들이 진정으로 따를 리 없다. 세 팀장의 또 다른 공통점은 자신의 불통을 잘 모르거나 착각하고 있다는 것이다. 소통에 문제가 없다고 보기도 하고 소통하는 방법을 모르기도 하며 소통의 중요성을 경시하기도 한다.

직원들이 마음으로 따르지 않는 리더는 언젠가는 추락하게 되어 있음을 숱한 사례는 증명하고 있다. 소통이 중요한 이유이다.

소통, 전문성을 뛰어넘는 가치

1980년에 경쟁전략, 2011년에 CSR(Creative Shared Value, 공유가치창출)이라는 개념을 제시하며 경영학의 그루로 우뚝 선 마이클 포터는 근래 들어 '협업(Collaboration)'이라는 키워드를 새롭게 제시한 바 있다. 『경쟁전략』이라는 저서에서 경쟁을 통해 사회가 발전하고 경쟁이 사람들에게 새로운 동기부여가 될 것이라고 한 그였지만, 지금과 같이 4차 산업혁명 시대로 급격히 변화하는 환경에선 '협업'이 그 무엇보다 중요한 가치라고 봤기 때문이다.

2018년 8월 대한상의가 조사하여 발표한 자료도 마찬가지다. 대기업을 대상으로 한 조사에서 기업이 원하는 인재상 1위에 '소통과 협력'을 갖춘 사람이 나왔는데, 이는 2위인 '전문성'

을 앞지른 것으로 바뀐 시대상을 반영한 결과이다. 최근 여러 기업이 직급체제 개편과 동등한 호칭체계 도입 등 수평적 조직 구조로 변화하는 것도 궁극적으로 사내 협력과 소통 강화를 목표로 하고 있기 때문이다.

▣ 100대 기업이 원하는 인재상

구분	2008년	2013년	2018년
1순위	창의성	도전정신	**소통 · 협력**
2순위	전문성	주인의식	전문성
3순위	도전정신	전문성	원칙 · 신뢰
4순위	원칙 · 신뢰	창의성	도전정신
5순위	소통 · 협력	원칙 · 신뢰	주인의식
6순위	글로벌 역량	열정	창의성
7순위	열정	소통 · 협력	열정
8순위	주인의식	글로벌 역량	글로벌 역량
9순위	실행력	실행력	실행력

소통을 잘하면 상사나 동료를 비롯한 주변 사람에게 '함께 일하고 싶은 사람'이 된다. 이는 직장인에게 최고의 찬사다. 소통을 잘하면 좋은 사람들과 긍정의 관계를 맺을 수 있다. 좋은 상사를 만나는 것도 후배를 만나는 것도 소통의 결과다. 고객은 물론이고 다른 부서의 좋은 파트너를 만나는 것이나 업무 네

트워크를 만드는 것도 소통의 결과다. 그래서 소통은 일과 '업(業)'의 핵심이고 나아가 삶의 핵심인 것이다.

그런데 소통을 잘하지 못하는 개인이나 조직이 의외로 많다. 소통을 잘하는 것처럼 보여도 실은 온전치 못하거나 편향적인 소통인 경우도 많다. 앞서 언급한 사례와 같이 스스로가 소통을 얼마나 잘하고 있는지 모르거나 착각하는 것에서 문제가 시작된다. 직급이 높을수록 그러하며 경직된 조직일수록 그렇다. 소통에 문제가 있는데도 애써 이를 무시하고 때로는 자유로운 소통을 두려워하기도 한다.

소통에 문제가 있으면 서로 힘들고 일하기도 어렵다. 고속도로가 꽉 막혀 있으면 얼마나 답답할 것인가. 소통이 안 되는 것은 동맥경화에 걸린 혈관과 같다. 혈관이 막히면 쓰러지는 것과 같이 개인도 조직도 소통이 원활치 못하면 결국엔 고립되고 무너진다. 그래서 소통을 위한 노력은 누구에게나 필요하다.

소통의 완성은 이해와 공감

소통은 다양한 형태의 커뮤니케이션을 통해 시작되지만 상대방의 관점에서 이해하고 공감해주려고 노력할 때 비로소 완성된다. 적당히 들어주며 교감하는 모습을 보여주는 것으로 소통을 잘하는 것으로 판단하기 쉬운데 그렇지 않다. 이해와 공감의 단계까지 가는 것이야말로 소통의 완성형이다.

소통이 안 되는 이유를 살펴보면 첫째로 남의 얘기를 잘 안 듣는 것이다. 앞의 예처럼 자기 얘기만을 늘어놓고 상대방의 얘기엔 관심을 두지 않거나 무시하는 경우이다. 자기주장이 옳다는 착각 속에 빠져 있는 사람들도 있다. 그러한 사람과 쌍방향 소통이 될 리 만무하다. 직위가 높을수록 이러한 아집에 빠지기 쉽다. 이러한 불통은 조직의 분위기에 영향을 주는 것은 물론이고 구성원의 마음과 창의를 갉아먹는다.

두 번째로는 대화나 미팅 중에 핀잔이나 질타를 하는 비난형이다. 우리 주변엔 남의 의견이나 얘기에 핀잔을 주거나 비난에 익숙한 사람들이 있는데, 이들과는 대화를 이어가기 어렵다. 누구든 절대 선이 아닌 이상 틀림이 아니고 다름일 뿐인데 이를 참아내지 못하는 고약한 습성이 있는 것이다. 이 또한 상사일수록, 힘이 셀수록, 때로는 가까울수록 조심해야 할 나쁜 습성이다.

세 번째로는 듣되 건성으로 듣는 유형이다. 어찌 보면 가장 많은 사람이 여기에 해당할 수 있다. 귀는 열었는데 경청하지 않는 것이다. 듣는 형식만 갖췄지 그 내용에는 크게 관심을 두지 않는 '형식쟁이'들이다. 관계의 출발은 진심이 깃든 경청에서 시작된다. 연인도 고객도 지지자를 만드는 것도 경청이 출발점이다.

그런데 소통은 경청만 해서 되는 것은 아니고 이해와 공감의 단계까지 가지 않으면 역시 온전하지 않다. 대부분은 자신의 관점과 생각이 앞서기 때문에 좋은 습관이 되어 있지 않다면 이 단계까지 가기가 쉽지 않다. 그러므로 최소한 이해하고 공감해주려는 노력을 보여줌으로써 소통의 실마리를 찾고 또 그 뜻을 전달해야 한다. 그러면 서로 갈등을 줄이고 보다 진솔해지며 시너지를 내게 될 것이다.

사람들은 어떤 형태이든 표현하기를 원하고 공감받기를 원한다. 소통의 완성은 그렇게 이루어진다. 역지사지로 상대방의 관점이 되어 바라보고 이해하며 공감의 단계까지 가는 것이 진정한 소통이다.

나로부터 시작되는 소통

공자는 제자인 사마우와 인(仁)에 대한 문답을 통해 따지기 좋아하는 사마우에게 말부터 함부로 하는 습관을 고치라고 하면서 듣는 사람의 감정이나 상황을 제대로 판단하지 못하고 얘기하는 것을 대화에서 가장 경계해야 할 것이라고 했는데, 이는 소통의 중요한 핵심인 '상대방 관점'을 정확히 짚은 내용이다.

카네기 또한 『인간관계론』에서 소통을 잘하려면 가장 첫째가 '다름을 인정하고 상대방의 입장에 서는 것'이라고 했다. 고집이 세고 불통인 사람들, 자기중심적인 사람들이 새겨 들여야 할 내용이다. 특히 조직을 꾸려가는 리더일수록 나만 옳다는 신념에서 벗어나야 하고 부하직원으로부터도 충분히 배울 것이 있다는 겸손한 마음을 가져야 한다.

살다가 불통(不通)인 사람을 간혹 만날 수 있다. 그런 사람이 직장에서 업무를 주고받는 사람이라면 실로 피곤하다. 상사와의 불통은 때로는 이직의 사유가 되기도 한다.

취업포털 「잡코리아」가 '직장내 커뮤니케이션'에 대해 설문조사를 실시한 결과, 직장인의 92%가 '직장 내 커뮤니케이션에 어려움을 겪은 적이 있다'고 답했다. 직장 내 커뮤니케이션이 가장 힘들었던 순간은 '상사와 나의 의견이 다를 때'가 60.4%로 가장 많았다. 그만큼 상사와의 소통이 어려운 것이다.

▣ 직장 내에서 커뮤니케이션이 가장 힘들었던 순간은?

상사와 나의 의견이 다를 때 60.4%

다른 팀과 업무를 진행할 때 16.1%

메일로 업무 처리할 때 8.9%

후배에게 업무 지시를 할 때 6.1%

팀 내 회의를 할 때 3.6%

외부 업체와 미팅할 때 2.9%

기타 2.1%

상사와 소통이 어렵다면 어떻게 할 것인가? 안타깝지만 그런 상사는 변할 리 없으니 상사의 변화를 기다리는 것보다는 내가 변해야 한다. 소통의 방식을 달리하거나 다른 표현 방식을 씀으로서 상황을 진전시키는 주체가 되어야 한다.

꼭 상사가 아니더라도 누군가와 불통으로 고민한다면 상대방에게 변화를 요구할 위치가 아니거나 잘 변하지 않을 사람인 경우에는 내가 먼저 변하는 것이 낫고 마음도 편하다. 또 내가 변해야 상대방도 변할 가능성이 있는 것이다. 그래서 이러한 변화는 나의 성장의 길에 놓인 도전(Challenge)이라고 생각해야 한다.

어디에서나 소통하기 어렵고 성찰이 부재한 사람은 성장하지 못하며 존중받지 못한다. 그래서 불통을 경계하며 스스로 성찰하고 다듬는 시간을 가져야 한다. 나로 인해 주변이 윤기 있어지는가 아니면 불편하거나 경직되는가? 아침에 일찍 출근하여 자신만의 성찰의 시간을 갖고 하루를 시작하는 것도 좋은 방법이다. 긍정적인 습관 형성이 소통으로의 변화를 위한 출발점이다.

삼성전자 조직개편의 시사점

TV사업부장을 통합 수장으로

삼성전자가 2021년 12월 사장단 인사와 함께 조직개편을 단행했다. 개편의 핵심은 그간 각 부문의 수장이었던 세 명의 대표이사 퇴진, 그리고 가전(CE) 부문과 모바일(IM) 부문의 통합이었다. 통합조직은 CE부문 내 TV사업부장이던 한종희 사장을 부회장으로 승진시켜 맡게 했다. 다음은 본 내용을 담은 기사이다.

"삼성전자가 김기남(DS), 김현석(CE), 고동진(IM) 대표이사 및 부문장 3명을 전격 교체했다. 또 삼성전자 소비자가전(CE) 부문과 IT·모바일(IM) 부문을 통합해 한종희 신임 부회장을 새로운 리더십으로 세웠다."

"삼성전자는 7일 2022년 정기 사장단 인사 발표를 통해 '삼성전자 CE 부문 영상디스플레이사업부장 한종희 사장이 삼성전자 대표이사 부회장 겸 세트(SET) 사업(CE와 IM 통합) 부문장으로 승진한다'고 밝혔다."

　이같은 삼성전자의 조직개편과 이에 따르는 사장단 인사를 보며 든 생각은 '오랫동안 분리되어 운영되었던 CE부문과 IM부문을 왜 이 시점에 통합했을까'였고, 또 하나는 '통합조직의 수장으로 왜 TV사업부를 맡았던 한종희 사장을 낙점했을까'였다.

　이런 변화의 조짐은 사장단 인사 직전 이재용 부회장이 반도체 공장 설립을 위한 투자 결정을 위해 미국 출장을 다녀온 후 김포공항에서 기자들을 만나 한 말에서 함축됐다.

　"시장의 냉혹한 현실, 제가 직접 보고 오니까 마음이 무겁더라구요."

　이 말은 글로벌 반도체 기업 간 경쟁이 격화하고 있어 조금만 방심하면 뒤처질 수 있음을 염두에 둔 것으로 풀이됐다. 코로나 팬데믹 이후 펼쳐지는 반도체 시장의 경쟁이 그 어느 때보다 치열하다는 것이다.

　그런데 이는 반도체 시장에 국한된 것이 아니다. 스마트폰 시장도 마찬가지다. 애플과 1, 2위를 다투고 있지만 조금만 방심하거나 잘못하다가는 과거 핸드폰 시장 1위였던 노키아처럼 순식간에 사라질 수 있다는 절박감을 내포한 표현이다.

그런데 이 엄중한 상황에서 왜 CE부문과 IM부문을 통합하고, 통합 수장에 IM부문이 아닌 CE부문, 그것도 그 하위의 TV사업부장을 임명한 것일까? 그것은 삼성전자라는 거대 조직과 구성원에 다음과 같은 의미를 담고 있다고 본다.

하나는 스마트폰 사업에 주는 경고이다. 스마트폰 사업은 연간 십조 이상의 수익을 삼성에 안겨주는 성장엔진이지만, 앞은 강력한 경쟁자 애플 장벽에 가로막혀 있고 뒤에서는 중국의 경쟁자들이 추격하고 있는 형국이다. 한번 뒤처지기 시작하면 한순간에 추락할 수 있다.

그래서 지금 정상에 있다고 해서, 또 매년 많은 수익으로 최대 성과급을 받는다고 해서 조금이라도 긴장을 누그러뜨리지 말자는 메시지이다. 스마트폰과 반도체 같은 첨단 산업의 미래는 언제 어떻게 바뀔지 모른다. 그러니 모두 긴장하자는 뜻이다.

언론의 발표처럼 CE과 IM 두 조직 사이의 경계를 뛰어넘어, 전사 차원의 시너지를 창출하겠다는 의도는 기본 전제였을 뿐이다.

TV사업부장을 맡았던 한종희 사업부장의 통합부문 수장 임명과 부회장 승진은 내면에 그런 경고의 메시지가 담겨 있음을 증빙한다. 물론 한 부회장이 30여 년간 TV사업을 맡아 세계 1위라는 업적을 창출한 점도 크게 고려되었다.

소통 리더십의 중요성

한종희 부회장의 승진이 주는 또 하나는 '소프트 리더십' 이다. 직원과 격의 없이 소통하는 한 부회장의 부드러운 카리스마야말로 CE와 IM 두 조직 통합으로 있을 수 있는 상황에 가장 적절한 리더십이 될 수 있다. 통합의 시대에 걸맞는 소통의 리더십이다.

이에 더해 이재용 부회장은 물론 정현호 부회장 등 삼성전자 수뇌부와 잘 소통하고 융합되는 품격을 갖췄다는 전언이다. 직원은 물론 최고 경영진 간 호흡이 잘 맞는다는 의미이다. 그러니 낙점될 수밖에 없잖은가? (참고로 한 부회장은 인하대 전자공학과 출신으로 학력이 때로는 배경이 되는 시대에 순전히 역량과 품격으로 입지전적 자리에 올랐다.)

삼성전자의 조직개편을 보노라면 삼성 같은 거대 조직도 조직개편을 하는 상황이나 논리는 결국 똑같다. 조직을 쇄신함으로써 경영의 방향을 분명히 함과 동시에 인사쇄신으로 긴장감을 주고 새로운 출발의 계기를 만드는 것이다.

그리고 어떤 사람을 어디에 앉히느냐는 가장 큰 고민거리가 되는데 그중에서도 사업의 대표, 통합조직의 수장, CEO(오너와는 별도) 등 핵심 자리는 직원뿐만 아니라 최고 의사결정자와 소통이 잘 되는 사람이 우선 고려된다는 사실이다.

그러니 직장에서 가장 중요한 요소는 소통(커뮤니케이션)하는 능력이라 할 수 있다. 꼰대라는 표현도 소통의 부재가 원인이며 상사와 부하 간 갈등도 소통의 문제로부터 비롯되는 경우가 많다.

소통은 조직의 에너지를 만들고 성과를 창출하는 무형의 핵심 자산이다. 삼성전자의 조직개편을 보면서 소통의 중요성을 다시 한번 되새기게 된다.

푸틴과 독재 경영자

예스맨으로 둘러싸인 푸틴

푸틴의 우크라이나 침공과 그 이후 벌어지는 전쟁 양상은 정치적 시각이든 일반인의 관점이든 이해하기 힘든 측면이 많다. 전쟁의 명분으로 삼았던 우크라이나의 나토가입 건은 이미 목적을 달성했고 친러 반군 지역인 동부의 돈바스 지역을 거의 점령했는데도 전쟁은 끝나지 않고 있다. 전쟁을 치르며 서로 주고받는 상처가 너무 크고 후유증도 심각한데 말이다.

전쟁을 일으킨 러시아는 미국을 비롯한 서방세계의 제재를 받아 심각한 경제 위기에 직면했으며, 국제 사회에서 신뢰를 잃게 되어 앞으로 예전처럼 제대로 된 위상을 확보할 수 있을지도 의문이다. 푸틴은 이미 전범이 되어 있다. 그럼에도 푸틴은 확실하게 승리를 확인하기 전까지는 전혀 물러날 생각이 없는 것 같다.

그런데 외신들이 한결같이 전하는 내용 중 하나가 푸틴이 예스맨인 핵심 측근들에 둘러싸여 제대로 된 정보를 전달받지 못한다는 것이다. '우크라이나 침략 전쟁이 필요하다', '전쟁을 하면 며칠 내에 끝낼 수 있다' 등 푸틴이 듣고 싶어 하는 정보와 조언만이 보고된다고 한다. 그런 상황에서 판단이 올바를 리 없다.

이처럼 푸틴과 같은 독재자 주변에는 바른말을 하는 사람은 존재하지 않는다. 초반에 바른말을 하려던 사람들은 사라지거나 제거되었고, 지금은 푸틴이 듣기 좋아하는 얘기를 하거나 푸틴의 얘기에 무조건 '예스'하는 사람들로 측근 그룹이 구성되어 있다는 것이다.

거기에다 지금까지 알려진 푸틴의 독특한 성향을 고려하면 이 전쟁의 끝이나 결과를 예측할 수 없다. 그러나 예측할 수 있는 것은 푸틴의 미래가 암울하다는 것과 러시아 국민이 독재자 푸틴으로 인해 겪게 될 고통이다. 한 나라의 지도자가 잘못된 방향으로 국가를 이끌면 그로 인해 수많은 국민은 가련해질 수밖에 없는 것이 역사적 사실이다.

히틀러가 대표적이다. 처음엔 부국강병 정책으로 1차 세계 대전 이후 패전국으로 전락한 독일 국민에게 희망과 꿈을 잠시 주었는지 모르지만, 궁극적으로는 침략 전쟁을 일으켜 독일은 물론 유럽 전체 국가에 전쟁의 참화를 겪게 하였으며 수백 만 명의 유대인을 학살한 만행까지 저지르지 않았던가.

2차 세계대전은 히틀러라는 독재자의 야욕으로 일어난 전쟁이지만 거기엔 이를 제지하지도 못하고 '예스'만 남발하며 히틀러 눈에 들려고 했던 괴벨스 등 이너서클에 있던 핵심 측근들이 있었다. 푸틴을 보는 것은 데자뷰다.

경영에도 불통의 독재자가 있다

경영도 마찬가지다. 최고경영자는 조직의 전략적 방향을 정하고 중요한 의사결정을 내려야 할 때, 대부분 더 좋은 판단을 위해 다양한 정보 리포트를 받고 또 참모들의 조언을 듣는다. 좋은 리더, 좋은 기업일수록 소통 프로세스가 잘 되어 있는 것이다. 그런데 이런 소통의 절차를 무시하고 독단적인 결정을 내리면, 그리고 이러한 경우가 빈번해지면 경영에서도 독재자가 된다.

경영에서 독재자가 존재하는 경우는 보통 대주주인 오너가(家)에서 사례를 많이 본다. 못된 성질에다 어떤 견제도 받지 않으니 폭주하는 경우다. 대기업 총수가 사장단 회의 시간에 마음에 들지 않는 발언이 나오자 핸드폰을 바닥에 집어 던졌다는 전설적인 얘기가 있듯, 그릇된 성향은 독재자로 가기 쉽다. 그런 사람에게 올바른 소리 하나 못하는 예스맨들만 주변에 머무는 것은 어쩌면 당연한 일이다.

또한, 오너는 아니지만 애초부터 독재적 성향이 있거나 장기집권하는 최고경영자가 초심을 잃으면서 독재화된 사례도 있다. 조직에서 독재적 성격의 보유자가 승승장구하며 대표이사에 오르면 필시 독재 경영자가 된다. 그리고 그렇지 않은 사람이라도 오래 집권하다 보면 쓴말, 바른말을 듣기 싫어하면서 독재화가 되기도 한다.

최고경영자의 독재 여부는 대체로 임원회의를 어떻게 하는지를 보면 알 수 있다. CEO 혼자만 얘기하고, 나머지는 동조만 하고 의견을 내지 않는다면 그 CEO는 십중팔구 독재 경영자다. 거기서 조금이라도 반대 시각으로 의견을 냈다가는 호된 질책을 받을 수 있기에 입을 닫는 것이다. 사례를 보자.

H사의 J사장은 전문 경영인으로 경영의 모든 것을 통제하길 원했다. J사장은 회의시간에 자신의 의견을 많이, 또 강

하게 얘기하는 스타일이었다. 그런데 참석자의 발언이 마음에 들지 않으면 호되게 질책하곤 했다. 그러니 모든 참석자는 간단한 호응만 할 뿐 발언을 자제했다. 문제는 계속 입을 닫고 있다 보니 다른 사업부 발표가 있을 때 누구도 질문하지 않는 것이었다. 괜히 질문했다가 질책받을 수 있기 때문이었다.

그러자 J사장은 왜 질문도 하지 않냐고 호통을 쳤다고 한다. 임원들이 다른 사업부 일에 아무 관심이 없다며 질책한 것이다. 이후 웃기는 일이 벌어졌다. 회의에 들어오기 전 누가 어떤 질문을 할지 그리고 어떻게 답변을 할지 짜고 들어왔다. 사장의 호통에 임원들이 질의응답을 고스톱처럼 짜고 치는 웃지 못할 기이한 현상이 벌어진 것이다. 대기업인 H사의 일이다.

이 같은 상황에서 J사장은 제대로 된 정보와 조언을 받기 어려웠고 그래서인지 핵심 측근 임원 몇 명에겐 주요 보직을 맡기며 이들만큼은 확실히 챙겼다. 핵심 측근을 제외한 나머지 임원들은 J사장을 두려워하고 조심스러워하며 이를 견뎌야 했다.

J사장은 한때 장수 모드에 들어갔다가 결국엔 옷을 벗고 그 자리에서 내려왔다. J사장에게 우군이 많이 있을 리 없

었고 그래서 전후좌우에서 올라오는 수많은 총알을 받아내기엔 한계가 있었다.

독재자들의 공통점, 불통과 폭언

독재 경영자들의 공통점은 푸틴과 같이 예스맨으로 둘러싸인 불통의 커뮤니케이션 구조 속에 있다는 점이다. 이들 주변에 바른말이나 쓴말을 하는 사람은 없고 예스만 하는 충성도 높은 핵심 측근들만 존재한다. 제대로 된 커뮤니케이션 과정도 없다. 혹여 소통 프로세스라는 형식을 갖추더라도 이미 결론을 내놓고 하는 요식행위다.

여기에 툭하면 폭언을 일삼으며 공포를 조장하는 것도 공통점의 하나다. 푸틴이 회의에서 거의 광적인 모습으로 폭언을 쏟아내는 경우가 있는데 독재 경영자도 마찬가지다. 이들이 쏟아내는 폭언은 거침이 없다. 대한항공 오너가(家) 조현민 전무의 음성으로 추정되는 '폭언 녹음 파일'을 들어봐도 그렇다. 네이버를 검색해보면 다양한 사례가 나온다. 아파트 주민회장이 경비원에게 폭언한 내용도 가히 충격적이다.

"회장이 폭행, 폭언, 유명 프랜차이즈 업체 직원 기자회견"
"또 갑질 논란, 이장한 종근당 회장 기사에 상습 폭언"
"폭언 물의, 김우남 마사회 회장 해임"
"미친xx야, 대웅제약 윤재승 회장, 상습 욕설 폭언 논란"
"종놈이 감히... 삿대질하며 폭언 퍼부은 강남 고급아파트
주민회장"

대부분 견제받지 않는 무한 권력에 못된 성격이 결합되어
나타나는 현상이다. 최고경영자 중엔 카리스마라는 칼같은
권위적 리더십을 갖기를 원하는 사람이 있는데, 이들에게
만약 고집 세고 못된 성깔이 잠재되어 있었다면 불통과 폭
언으로 이어지면서 위와 같은 현상이 나타나는 것이고 푸
틴과 같이 되는 것이다.

이들 중엔 바깥에선 근엄하고 예의 바른 것처럼 보이지만
내부 회의에선 한마디로 '개00' 떠는 최고경영자도 있다.
　P사의 M사장은 한때 필자가 긍정적으로 봤던 최고경영자
였다. 평소에 젠틀한데다 경영 철학이라든지 경영 방식이
혁신적이어서 그랬던 것 같다. 그런데 그 회사의 임원으로
부터 전해 들은 얘기는 충격이었다.

M사장은 바깥에서는 젠틀해 보일지 몰라도 내부에서 임원회의를 할 때는 폭언을 달고 산다는 것이다. 상습적인 폭언이었다고 한다. 자기 레벨에 맞지 않으면 임원들에게 욕을 하거나 서류나 결재판을 내던지고 인간적인 모욕을 주었다. 폭언과 함께 당장 그만두라는 얘기를 들은 어느 임원은 대표이사실 앞에서 무릎 꿇고 빌었다고 한다.

푸틴이 푸른 두 눈에서 레이저를 발사하고 있는 사진을 보노라면 '10M 테이블 저 끄트머리에 앉아있는 측근 참모들은 도대체 무슨 심정일까', '질책을 당하지 않을지 노심초사하며 부들부들 떨고 있지나 않을까' 하는 생각이 든다.

폭언이나 막말을 일삼는 CEO가 주재하는 회의장에 앉아 있는 임원들도 무슨 생각을 하겠는가? 이래서는 정상적인 소통이 불가능하고 독재의 길만 열려 있는 것이다. 그러니 판단이 흐려질 수밖에 없다.

리비아에서 오랜 기간 독재를 했던 카다피 대통령이 커다란 홀에 수백 명을 모아놓고 일장 연설을 하는 동영상을 본 적이 있는데 시가를 입에 물고 고성을 연발하고 있었다. 참석한 관료들의 공포에 떠는 처연한 눈빛이 지금도 기억에 선연하다.

푸틴의 길을 가면서도 모르는 사람들

푸틴과 같은 길로 가고 있으면서도 이를 전혀 눈치채지 못하는 최고경영자들이 있다. 왜냐하면 시간이 흐르면서 최고경영자 주변엔 쓴소리 바른소리 하는 사람은 줄어들고 아부하는 사람이 늘어나는데 이런 구조에 취해 있다 보면 정작 자신의 모습을 제대로 반추할 수 없기 때문이다.

이 경우 험담은 담장을 타고 넘어간다. 앞서 필자가 직접 경험한 두 사례 외에도 여러 독재적 사례가 필자의 귀에 들려왔다. 이들 최고경영자도 초기에는 그렇지 않았다고 한다. 할 만해지고 자신감이 생기면서 주변을 무시하거나 의견을 듣지 않았고, 심지어는 폭언까지 일삼게 된 것이다. 그것은 지나친 오만이며 자멸의 길이다.

그래서 독재의 구조에 빠지지 않으려면 소통구조가 정상인지를 먼저 살펴봐야 한다. 달콤한 소리에 취하지 말고 진짜 모습을 볼 수 있어야 한다. 그러려면 주변에 그런 조언과 보고를 해주는 사람이 반드시 있어야 한다. 단소리와 쓴소리를 골고루 듣는 것이야말로 최고경영자가 가야 하는 소통하는 길이다.

또한 독재자의 불통은 폭언으로 이어질 수 있다는 점에

유의해야 한다. 폭언은 인간적으로 추한 모습이며 법률적으로도 문제가 된다. 폭언의 단계에 이르면 그때는 주변에 아무도 남지 않으며 혼자가 된다. 말로가 명확한 것이다. 푸틴의 소통 없는 밀실정치와 공포정치를 보며 교훈으로 삼아야 한다.

혁신과 도전으로 나만의 깃발을 꽂아라

"이제부터는 너의 깃발을 보여줘야 한다. 전임자들을 이어받아 무난히 일하는 것으로 여기까지 올 수 있었지만, 앞으로 가는 길은 그것으로 충분치 않다. 부서장으로서 네가 개척한 새로운 업적이 무엇인지 얘기할 수 있어야 한다. 그러한 업적의 깃발이 없다면 다음 스텝을 기대하기 어렵다."

필자가 부서장으로 승진한 아끼는 후배에게 선배로서 던졌던 권고다. 그 후배의 다음 스텝은 임원으로 가는 길이었는데, 선임자들이 해온 업무를 유지하는데 머물지 않고 좀 더 새로운 시각과 도전으로 자기만의 분명한 업적을 거둬야만 임원이 될 수 있을 것이라는 의미에서 당부한 얘기였다.

직장은 늘 새로움이 필요한 곳

실제 주변을 보면 일을 벌이기보다는 해오던 일을 무난하게 잘 유지하는 것을 더 중요하게 여기는 경우가 있다. 이들은 리스크를 안고 새로움에 도전하기보다는 현재 수준에서 잘 유지하는 것을 우선시한다. 그러나 그것은 행정이나 공공을 다루는 영역이라면 맞는 말일 수도 있으나, 고객과 시장이 있으며 경쟁자가 있는 민간의 영역에서는 그렇지 않다. 늘 새로움이 필요하고 개척과 도전이 필요하다. 그렇게 하지 않으면 언젠가 위기가 찾아오거나 서서히 망해간다. 그것은 개인뿐만 아니라 회사에서도 마찬가지다.

예컨대 유통시장에서 선두 격인 A그룹은 통합 온라인쇼핑몰 오픈이 다른 데 비해 늦는 등 본격적인 온라인 사업에 뒤늦게 진입했다. 온라인 시장에는 이미 쿠팡과 이베이 등 온라인 전문회사들과 네이버와 같은 플랫폼 회사가 강력하게 자리하고 있었다. 안타깝게도 오프라인 강자인 A그룹이 온라인 사업에서 고전이 예상되는 이유다.

그런데 A그룹은 왜 뒤늦게 통합된 온라인쇼핑몰을 오픈한 것일까? 추측건대 온라인이 대세로 전환되는 것을 보면서도 오프라인의 강점을 믿고 보수적인 관점에서 전략을 수립했기 때문이다. 현재의 시장을 중시하여 새로운 영역으로 변화에 적극적이지 않았던 탓이다. 지금의 무난함이 미래의 무난함까지 담보하지 않는데도 말이다.

그래서 있는 것을 더 잘 지키는 데에만 주력하는 사람과 조직에는 미래의 희망이 되는 새로운 깃발이란 있을 수 없다. 새로운 깃발을 꽂는다는 것은 있는 밥통 잘 지켜 나온 성과가 아니라 과거와는 다른 방식으로 혁신의 업적을 만들거나 새로운 영역을 개척해내는 것이다. 그런 의미에서 대기업의 임원을 만날 때마다 필자가 하는 얘기가 있다.

"당신이 임원으로서 회사에 꽂은 깃발을 얘기할 수 있느냐? 만약 없다면 회사가 무엇을 보고 당신을 다음 스텝으로 올리겠느냐? 어차피 임원들은 때가 되면 집에 가는데, 맡은 일에서 챌린지하여 혁신의 성과를 보여주어야 좋지 않겠는가? 누군가 하던 일을 무난하게 잘하는 것만으로는 다음 스텝이 보장되지 않는다. 그것은 무난히 집에 가는 길이다."

다소 과한 듯해도 폐부를 찌르는 얘기다. 앞에서 승진한 후배에게 필자가 권고한 내용과 같은 맥락이다. 일에서 자기 업적이 뚜렷하지 않은 사람이 회사라는 조직에서 갈 수 있는 길의 한계를 얘기한 것이다. 이는 직급이 높아질수록 더욱 그러하다. 만약 업적이 불분명한 사람을 자꾸 승진시키는 기업이 있다면 그건 망조의 길로 가는 과정이다. 그런 회사에는 미래를 내다보는 혁신의 자리는 없으며, 그러다 서서히 망해갈 뿐이다.

이렇듯 직장에서 업적은 그 사람의 향후 진로에 가장 중요한 기준이 된다. 그렇다면 업적이란 무엇인가? 업적은 단순히 요약하자면 일에서 거둔 성과이다. 거기엔 유형의 것도 있고 리더십 같은 무형의 것도 존재한다. 그런데 그 업적은 직급에 따라 요구하는 바가 달라진다. 임원에게 요구하는 업적과 부장, 과장, 대리에게 기대하는 업적은 다를 수밖에 없다.

직장생활 성장의 4단계

직장에서 일하며 성장하는 단계를 시기별로 4기로 나눠 보자. 신입사원으로 들어와 일을 익히며 배우는 1기에 해당하는 직원에게는 무엇보다도 배우려는 태도가 중요하다. 팀장이 부여한 일을 실수 없이 잘 수행하는 것만으로도 충분하다. 이때는 자기만의 성과를 내려고 조급해해선 안 된다. 기초를 튼튼히 하고 관계의 중요성을 배우며 내공을 쌓는 것이 좋다.

이 단계를 넘어 대리나 과장 직급의 2기가 되면 그간 배우고 익힌 일을 가지고 스스로 독자적으로 판단하며 업무를 수행할 수 있게 된다. 프로젝트의 책임자가 되어 스스로 운영할 수 있다. 이때부터는 일 잘하는 사람과 그렇지 않은 사람이 확연히 구분되며 개인의 업적도 논할 수 있다. 시행착오를 겪기도 하며 나름 업무의 베테랑이 되어 간다.

조직의 '장'을 맡아 그 조직의 전체 성과를 책임지는 역할을 할 때가 3기에 해당한다. 리더십을 발휘하여 구성원들과 함께 조직의 목표를 달성해야 하는 시기이다. 따라서 자기만 잘한다고 해서 될 일이 아니다. 무엇보다 조직을, 구성원들을 잘 이끌어야 한다. 이때는 조직의 목표를 얼마나 달성했는지와 그 과정에서 보여준 리더십이 업적의 판단기준이 된다.

직장에서는 3기가 가장 중요하다. 조직의 장이 되어 보여주는 리더십이야말로 직장에서 그 사람을 판단하는 가장 중요한 기준이 되기 때문이다. 그래서 이때부터는 리더십으로 거둔 성과, 즉 지휘자로서 나의 이름이 걸린 깃발이 중요하다. 리더이기에 새로운 고객을 개척하는 것도, 새로운 상품을 구상하는 것도, 새로운 전략을 구사하는 것도 가능하다. 도전하느냐 안 하느냐의 문제다.

선배 리더가 해온 대로 무난하게 일하는 사람과 그 이상 새로운 영역에 도전하여 의미 있는 성과를 거둔 사람은 직장의 막바지가 다르다. 임원으로 가는 길목에서 내세울 만한 자기만의 깃발이 없다면 그 길은 험난할 수밖에 없다. 어쩌면 이 시기는 직장에서 진퇴의 고비가 되기도 하는데, 여기서 멈추고 싶은 사람은 아무도 없을 것이다.

그다음 단계가 임원이 된 이후부터다. 4기에 해당하는 이때는 더욱 업적이 중요해진다. 오랫동안 임원으로 재직하는 것도 또 고위 임원으로 승진하는 것도 더욱 분명한 업적이 있어야 가능하기 때문이다.

예를 들면 삼성그룹에서 임원의 출발은 상무이다. 상무에서 전무(2022년부터 전무를 부사장으로 통합)로 진급하는 데는 보통 6년이 필요하다. 상무 6년을 채우고 진급이 되지 않으면 퇴임하게 된다. 그런데 임원 3~4년 차에 재계약되지 않고 회사를 떠나는 사람도 꽤 있다. 대개 대기업의 경우가 그렇다. 이럴 때 임원의 진퇴를 가르는 기준은 업적이다. 회사의 성장이나 혁신에 의미 있는 발자취를 남기고 있느냐가 기준이 되는 것이다.

현실이 이러한데도 보수적인 임원들이 자기 영역에서 문제를 일으키지 않고 무난하게 일을 하는 것을 최우선으로 삼는 경우가 있다. 참으로 안타깝다. 이런 경우, 그러다가 어느 날 집에 가는 임원을 많이 봐온 터였기에 기회가 있을 때마다 혁신과 도전을 권고했었다. 이들은 이에 동의하면서도 선뜻 실행하지 못하다가 비운의 운명을 맞이하는 것이다.

회사에서 고액의 연봉을 지급하는 임직원들에게 기대하는 것이 무엇인지 착각해서는 안 된다. 앞으로 나아가기 위해선 필요조건이 있고 충분조건이 있는데 필요조건만 가지고 앞을 향해 가기는 어렵다. 도전을 통해 거둔 업적이란 충분조건을 각자의 위치에서 갖춰야 한다.

창의적이고 혁신적인, 그리고 도전적인 일을 하기 위해서는 직장생활 최소 2기에 해당하는 대리나 과장 시절부터 이를 준비하고 익혀야 한다. 어느 날 부서장이나 임원이 되어 그런 일을 한다는 것이 보수적인 움직임이 몸에 밴 사람에게는 쉽지 않은 일이다.

그것은 자기가 맡은 일을 하는 과정에서 다른 더 좋은 방법과 아이디어가 있는지 살펴보는 것에서 출발한다. 선임자가 했던 방식이 최선이라고 생각하지 않아야 한다. 빅데이터와 인공지능 기반으로 디지털 트랜스포메이션(Digital Transformation)이 기업 경영의 중요한 축으로 등장한 오늘날이지 않은가.

과거의 방식에 너무 얽매이지 말고 새로운 시각으로 고객을 보고, 시장을 보고, 우리의 업무를 보자. 혁신해야 할 공간, 개척해야 할 새로운 영토가 주변에 얼마나 많은가! 그 새로움에 도전을 얹어야 한다. 개인도 회사도 성장은 굳건한 도전에서 시작된다.

내 업적의 깃발은 나부끼고 있는가

우리 주변에는 별다른 업적이 없는데도 승진을 잘하고 직장 생활도 무난하게 하는 듯 보이는 사람이 많다. 이를 우리는 운이나 인맥이라고 얘기한다. 그러나 운이나 인맥의 한계는 분명하다. 직장이란 곳은 만만한 곳이 아니다.

명문대를 졸업하고 잘 나가던 섹터의 대기업에 입사한 K가 있었다. K는 신입사원부터 기량을 잘 발휘하여 제때제때 승진하였고, 팀장을 맡아서 무리 없는 운영으로 임원의 반열까지 어렵지 않게 올라갔다. 문제는 임원부터였다. 늘 무난하게 일해왔던 K는 전무로 진급해야 하는데 크게 내세울 새로운 업적이 없었다.

필자는 만날 때마다 '깃발론'을 얘기하며 새로운 영역에 도전할 것을 촉구했다. 그러나 K는 리스크가 있는 도전보다 무난함을 택했다. 그는 사내에 구축된 인적 네트워크가 있었고, 또 일에서 큰 과오가 없었기에 전무 진급을 자신했다. 그런데 K는 상무 6년 차, 전무로 진급하지 못했고 이후 자회사로 전출되어 2년 후 퇴임하였다. 그때 나이가 50대 초반이었다. 임원으로 승진하여 8년이나 보냈기에 K의 직장생활을 성공이라 할만하지만, K를 잘 아는 필자에겐 아쉽기만 했다.

한 번쯤 나의 업적을 뒤돌아보자. 내세울 게 무엇인가. 지나온 길에 나의 깃발이 나부끼고 있는가. 지금, 그 깃발을 꽂고자 도전하고 있는가. 물이 끓어가는 줄도 모르고 냄비 속에서 헤엄치다 무난히 죽어가는 개구리가 되어서야 되겠는가.

동료라는 거울에 비친 나의 모습

"당신이 지금 뭘 잘못했는지 알아? 너무나도 어이없는 행동을 했단 말이야. 초등학생도 아니고, 어떻게 여직원과 그런 한심한 일로 싸울 수 있어?"

필자가 조그만 자회사의 임원을 겸직하던 때의 일이다. 같은 팀에 근무하던 남녀직원 두 명이 크게 다툰 적이 있다. 둘은 평소에도 사이가 원만치 않아 자그만 일로도 티격태격하곤 했는데, 그날은 작은 말다툼으로 시작되어 서로 고성이 오가는 싸움으로 커졌다. 결국에는 여직원이 울며불며 팀장에게 김OO 씨와 더는 같이 일하지 못하겠다며 사의를 표명했다.

그 일로 필자는 여러 사람과 면담을 하며 자초지종을 들었는데 어이가 없었다. 초등학교에서나 있을 법한 사소한 일이 원인이 되었고, 그간 서로 쌓인 불만이 누적되어 격한 감정싸움으로 번진 것이다. 직장이라는 일터에서 그런 일이 벌어지다니! 그래서 남자 직원을 불러 서두의 얘기로 야단을 친 것이다.

그때 꺼낸 말이 "김OO 씨는 회사에서 당신을 비춰주는 거울이 있느냐, 있다면 당신은 그 거울에 어떻게 비칠 것 같으냐"라는 '거울론'이었다. 필자가 보기에 그 직원은 기질이 독특하여 평소 동료들로부터 자주 원성을 샀는데, 다른 직원들은 표현에 조심하고 있었다. 그래서인지 이 직원은 자신의 언행이 남들에게 어떻게 비치는지도 잘 모르고 직원들이 불편해하는 행동을 반복하고 있었다.

동료는 나를 성찰하는 거울

'거울론'은 필자가 직장에서 많은 사람을 접하고 다양한 경험을 체험하면서 느낀 '성찰론'이다. 사람은 성찰의 과정을 통해 잘못된 것을 바로잡기도 하고 새로운 모습으로 성장할 수도 있는데, 그러려면 나의 내면과 허물까지 비춰주는 거울이 있어야 하고 그 거울에 비친 자신의 모습을 보며 깨닫고 다듬어가야 한다는 의미이다.

부처님처럼 스스로 고행을 통해 삶의 진리를 깨닫는 성인이라면 모를까, 혼자만의 힘으로 성찰하기란 쉽지 않다. 더불어 사는 사람들이 비춰주는 거울의 도움을 받아야 하고 또 이를 겸허히 받아들일 때 가능하다. 거울에 비친 나의 언어와 행실을 보며 부족하거나 잘못된 것을 볼 수 있어야 한다. 그리고 이를 통해 변화해야 한다. 그것이 바로 직장에서 더 나은 방향으로 나아가는 혁신이며 성장이다.

필자는 직장에서 반복적인 잘못된 행동과 거듭된 불통으로 원성을 사는 사람들을 보면서 '회사에서 나를 비춰주는 거울은 누구이며 나는 그 거울에서 무엇을 보는가'라는 물음에 자문자답하곤 했다. 직장의 경력이 쌓이고 직책이 올라가면서 그렇게 되지 않으리란 보장이 없기 때문이었다.

이는 마치 우리가 운전하며 차선변경을 할 때 뒤나 옆의 상황을 살피기 위해서 반드시 봐야 할 사이드미러나 백미러와 같다. 이러한 거울이 없다면 운전을 제대로 할 수 없듯, 삶이란 운전에도 거울이 없다면 잘못된 길에서 벗어나기 쉽지 않다.

거울의 본질적 기능은 있는 그대로의 모습을 비춰주는 것이다. 그런데 이게 없다면 얼마나 답답할 것인가. 특히 신체 중 다른 부분은 다 자기 눈으로 볼 수 있어도 얼굴만큼은 볼 수 없다. 거울이 아니고선 확인할 수 없는 내 얼굴 모습을 모른다면 어떨까? 생각만 해도 불편해서 거울의 존재에 감사해야 할 것 같다.

거울은 그래서 모든 공간에 존재한다. 가정에도, 직장에도, 도시 곳곳에도 거울이 있다. 회사에선 자기 자리에 손거울 하나쯤은 갖고 있을 것이다. 우리는 하루에도 몇 번씩 거울에 자신의 모습을 비춰보며 매무새를 다듬기도 한다.

겉모습을 비춰주는 거울이 필요한 것처럼 자신의 행동거지를 비춰주는 거울도 필요하다. 그것은 바로 직장 동료, 가족, 친구 등 나와 삶을 같이하는 사람들이다. 그들은 어떤 형태로든 나의 모습을 반사해주고 있다. 그 거울에서 참모습을 읽을 줄 알아야 한다. '사람이란 거울'은 진솔하게 비춰줄 수도 있지만, 그렇지 않을 수도 있기 때문이다. 그 거울로부터 내가 모르는 나의 모습을 볼 수 있다면 그것은 고통이 아니라 감사이다. 그 모습으로부터 바른 방향으로 가거나 더욱 새로워질 기회를 찾을 수 있다.

거울이 있는 사람과 없는 사람

앞서 김00 씨는 이러한 거울이 없었다. 주변에서 아무도 거울이 되어 주지 않았다. 그것을 본인만 모를 뿐이었다. 자신의 행적을 되돌아보지 않던 그 직원은 주변 직원들에게 문제가 되곤했는데, 마침 그 사건이 계기가 되어 필자가 솔직하게 피드백해 줄 수 있었다. 이후 쉽게 고쳐지진 않았지만 조금씩 나아지는 모습을 볼 수 있어 다행이었다. 이처럼 다른 사람을 불편하게 하는 사람에겐 누구도 거울이 되어 주지 않거나 아니면 제대로 반사해주지 않는다.

조직에서 거울이 없는 대표적인 사람은 독재적 리더이다. 특히 장기집권하는 독재형 보스에겐 자기를 비추던 거울이 시간이 흐르면서 점차 사라지게 된다. 한때는 거울이 되어줬던 사람들이 곁을 떠나기도 하고, 남아 있더라도 더는 거울의 역할을 하지 않는다. 때로는 독재형 보스가 스스로 거울을 아예 치워 버리기도 한다. 자기를 비춰주는 것 자체가 싫은 것이다. 말로가 불행했던 지도자들이 그랬다.

거울이 없는 사람에게 더욱 불행한 것은 거울이 없다는 사실

조차 깨닫지 못하는 것이다. 이는 '위기상황보다 더 위험한 것은 위기의식이 없는 것'과 같다. 거울이 없는 것을 인지하지 못해서 생기는 일은 끔찍하다. 피드백을 받지 못하고 거짓과 위선만 보게 되니 자신의 모습이 어떤지를 모른다. 쌍방향 커뮤니케이션이 없어지고 일방만 존재한다.

거울이 없는 리더에겐 아부와 거짓이 득실거린다. 잘못을 잘못으로 인지하지 못하여 같은 잘못을 되풀이한다. 초심을 잃고 방향감각이 없어져 나침반이 없이 암흑의 밤에 항해하는 배와 같이 된다.

반대로 거울을 가진 사람은 자신의 참모습을 볼 수 있다. 잘한 것도, 못한 것도, 실수도, 성공도 모두 조명할 수 있다. 자기가 어떤 모습으로, 어떤 길을 가는지를 알 수 있기에 잘못된 길에 들어섰다 하더라도 바로 진로를 수정할 수 있다. 거울이 되어 주는 동료나 파트너들이 다양한 방향에서 자신의 모습을 비춰주고 있기에 가능한 것이다.

이들과는 쌍방향 커뮤니케이션을 통해 더 많은 가능성을 만들어 낼 수 있다. 그래서 거울은 동반자요, 새로운 동기부여이며, 동시에 자신의 가치를 만들어 내는 발전소이다.

역사에도 거울이 있다. 역사신학자인 임원택 교수는 『역사의 거울 앞에서』에서 '과거의 역사는 오늘을 비춰주는 거울이며, 역사의 거울에 현재의 모습을 비추는 것은 고통스러운 과정이 될 수 있다'면서 '역사의 거울은 현재의 추함과 역겨움을 그대로 비추어 주기 때문'이라고 했다. 그래서 '자신을 비추는 용기를 가진 자만이 역사로부터 지혜를 배워 과거와 똑같은 오류를 다시 반복하지 않고 악순환의 고리를 끊을 수 있다'는 것이다.

영국의 역사철학자 에드워드 카도 유명한 저서 『역사란 무엇인가』에서 '역사란 현재와 과거와의 끊임없는 대화'라고 수차례 언급했는데 과거의 역사적 사실을 통해 현재 상황을 더 잘 이해하고 발전적인 미래를 준비할 수 있다는 뜻을 담고 있다. 역사라는 거울은 과거 비슷한 문제를 해결하기 위한 다양한 시도들과 그 결과를 비춰주고 있으며, 현재 문제의 답을 찾을 수 있도록 돕는다는 것이다.

역사철학자 김상근 교수의 역작인 『군주의 거울』에서는 역사 속에서 본받아야 할 군주의 거울이 어떤 모습인가에 대해 과거 군주들의 행적을 통해 살펴보고 있는데, 로고스(설득하는 능력)·에토스(감동시키는 능력)·파토스(고통을 함께하는 능력)를 군주의 3가지 덕목으로 봤다. 역사라는 거울로부터 배운 대단한 통찰이 아닐 수 없다.

내게 거울이 되어 주는 사람은 누구인가

이처럼 시대의 흐름에 역사라는 거울이 있듯이 현재를 사는 우리에겐 동료라는, 이웃이라는, 가족이라는 여러 거울이 있다. 거울을 보며 외모를 다듬듯, 나의 거울이 되는 그들에게 자신을 비춰보며 마음 매무새를 다듬을 수 있다면 '일신우일신(日新又日新)'이란 말처럼 새롭게 다듬어지는 경험을 할 수 있다. 역사의 거울 앞에 서는 것을 두려워하면 안 되는 것처럼 우리는 거울의 존재를 두려워해선 안 되며, 그 거울이 비춰주는 나의 못난 모습을 피해서도 안 된다.

왜곡된 모습으로 비춰주는 거울도 경계할 일이다. 특히 힘이 세거나 고집이 센 사람일수록 제대로 된 모습으로 투영 받지 못할 가능성이 있다. 주변과 소통에 문제가 있는 사람도 마찬가지다. 진실이 아닌 왜곡된 모습을 받아들이면 고장 난 나침반에 의존하여 항해하는 것처럼 길을 잃는다.

직장은 다양한 사람들이 모여 공통의 가치와 목표를 향해 가는 공간이기에 업무를 하는 과정에서 무엇보다도 팀워크와 소통을 중시한다. 그래서 거울의 존재는 더욱 귀중하다. 나에게 거울이 되어 주는 사람은 누구인지, 또 나는 누구를 비춰주고 있는지 생각해보자. 세상을 움직이는 사람은 거울을 가진 사람이며 세상을 어지럽히는 사람들은 거울이 없는 사람이다.

10년 뒤 나의 미래 가치

　직장인이 정년이 보장되는 공간에서 일할 수 있으면 얼마나 좋을까? 그러나 현실은 그렇지 않다. 2019년 7월 취업포털 「사람인」이 382개 기업을 대상으로 '정년 제도운영'에 대해 조사한 결과에 의하면 기업에서 실제로 퇴직하는 나이는 평균 49세로 나타났다고 한다.

　실제로 일부 기업을 제외하고는 원하는 만큼 직장에 머무를 수 없는 경우가 허다하다. 회사에 문제가 생길 수도 있고 나의 경쟁력에 문제가 생길 수도 있다. 때로는 명예퇴직 등 관례에 따라 진퇴가 결정되기도 한다. 그래서 지금 좋은 위치에 있다 해도 미래를 생각하면 뭔가 불안이 엄습해 오는 것은 조사 결과가 얘기하듯 언젠가 원치 않는 상황이 닥칠지 모르기 때문이다. 일하면서 꾸준히 역량을 쌓아 나의 경쟁력, 나의 미래 가치를 높여야 하는 이유이다.

경쟁력을 갖춘 이들은 불안한 상황이 닥쳐도 잘 넘어지지 않고 설령 문제가 생겨도 활로를 찾을 수 있다. 그렇다면 미래에 대한 준비, 나의 경쟁력은 어떻게 높여가는 것이 좋을까? '삶의 중심부를 흐르는 전체 직장생활'이라는 관점에서 다음과 같이 세 가지 관점으로 접근해볼 수 있을 것이다.

첫째는 현재의 일에 충실함으로써 자연스럽게 미래에 대한 준비를 하는 것이다. 둘째는 자신의 분야에서 '업(業)'의 경쟁력을 높이는 데 필요한 역량을 갖추는 노력이다. 그리고 셋째는 일과 직접적인 관련은 없지만, 몸과 마음이 건강하고 풍성한 삶을 위해 필요한 것들을 미리 갖추는 것이다.

스펙을 넘어서는 간절함의 힘

이 중에서 첫 번째인 현재에 감사하며 주어진 일에 정성을 다하는 것이 미래를 위한 가장 핵심적인 준비라고 하겠다.

한 예로 입사 동기인 A와 B를 보자. 10여 년의 세월이 흐른 지금 A는 부서장으로 사내에서 핵심 인재로 인정을 받는 데 비해, B는 만년 과장으로 진급에도 애를 먹고 있다. 입사 당시를 생각하면 상상할 수 없는 변화이다. 학력을 비롯한 스펙에서 A에 훨씬 앞섰던 B는 주변에 대학 선배들까지 포진해 있어 입사 당시만 해도 앞날이 밝아 보였다. 그런데 처음과는 달리 시간이 흘러 이러한 변화가 생겼다. 무엇이 이러한 차이를 낳게 했을까?

단적으로 얘기하면 그들이 기울인 정성과 노력이 달랐다. A는 어렵게 들어온 회사에 처음부터 감사한 마음이었고 자부심도 컸다. 자그만 일이라도 정성을 쏟았고 매사 열심이었다. A는 자신보다 우월한 스펙을 가진 동료 사이에서 생존하려면 더 노력해야 한다고 생각했다. 그러나 B는 주변에 자기보다 더 좋아 보이는 직장을 가진 친구들이 어른거리기도 하여 A만큼 자부심이나 일에 대한 간절함이 부족했다. 그것은 정성과 열정의 차이를 낳았다.

요약하자면 A와 B처럼 출발선이 같은 입사 동기들이 갈수록 차이가 나는 것은 두 가지 이유 때문이다. 하나는 자신이 맡은 일에서 보여주는 성과물이다. 이 성과는 보통 물적, 양적으로 기울인 정성과 개인이 가진 인사이트를 곱한 것의 결과물이다.

정성에 인사이트가 결합하면 좋은 결과물이 따라오기 마련이다. A의 정성이 혹여 있을 수 있는 B의 인사이트를 훌쩍 넘어선 것이다. 사실 일이라는 것은 몰입하여 성과를 내다보면 인사이트도 더해지는 법이다.

그리고 또 하나는 주변 사람들의 인정이다. 아무리 좋은 성과물이라도 주변 사람이 긍정적으로 평가를 해주어야 한다. 좋은 성과를 냈음에도 겸손치 못한 모습으로 비친다면 주변의 시각이 달라진다. 자만은 실패를 부르기 쉽다. 주변과 꼭 적극적 관계를 맺지 않더라도 사람들의 공통적인 심리와 시각에 유의할 필요가 있다. 그래서 좋은 품성과 태도가 중요한 것이다.

위의 예에서 보듯 누가 B처럼 되고 싶겠는가. 그러지 않으려면 우선 출발선에서 마음가짐을 바로 해야 한다. 필자의 경험에 의하면 직장에 들어오면 모든 것이 리셋된다. 좋은 스펙은 취업하는데 유리한 것이지 일단 들어오고 나면 모든 것이 새 출발이다. 프리미엄도 없고 핸디캡도 없다고 생각해야 한다. 회사에서는 열심히 일을 잘해서 좋은 결과물을 보여주면서 성격이 좋은 사람을 선호한다. 주어진 환경과 업무에 만족하지 못해 전전긍긍하는 경우를 종종 보는데 그러한 자세로는 업무에 집중할 수 없다.

또 다른 예로 고객을 상대하는 영업부서의 뉴 페이스 C를 보자. 영업부서를 전문 분야로 보고 깊이 있게 접근하는 사람은 드문데 C는 달랐다. 영업에 배치되고 나서 먼저 필요한 지식을 갖추기 위해 관련 서적과 문서를 탐독했다. 영업의 기본인 ABC와 여러 사례는 물론, 고객을 더 잘 이해하기 위한 관련 지식도 공부했다.

그리하여 C는 영업의 본질을 더 깊이 이해하게 됐다. 그리고 영업이라는 업무에서 핵심적인 성공요소를 찾아내 자신의 성공 방정식을 만들었다. 이를 위해 탁월한 실적을 거둔 영업의 선배들이 어떤 방식으로 성과를 냈는지도 살펴봤다. 필요하면 베테랑 선배들의 도움도 적극적으로 받았다. 영업을 잘 몰랐던 C는 이런 노력을 통해 차츰 성과를 내기 시작했다. C의 이러한 노력과 성과는 인정을 받게 되었고 이후 회사의 중추로 성장해 갔다.

C처럼 주어진 업무를 잘하기 위해 애쓰면서 자신의 역량을 갖춰가며 일을 하는 사람과 그냥 하루하루 사는 사람은 결국 미래 포지션이 달라질 수밖에 없다. 회사에선 때론 원치 않는

부서에 발령을 받기도 하는데 거기서 실패하고 싶은 사람은 아무도 없다. 어느 부서에서든 성공하는 방법을 찾아내는 노력이 필요하다.

미래 경쟁력을 위해 준비해야 하는 것들

두 번째로 자신의 미래 경쟁력을 위한 노력이다. 필자의 신입 시절을 돌이켜보면 지금도 잘했다고 생각하는 것이 있는데, 하나는 당시 월급보다 많은 돈을 들여 최고급 컴퓨터를 장만한 것이고 다른 하나는 통계 패키지인 SPSS와 SAS를 공부한 것이다.

SPSS는 그룹 연수원에 개설된 과정에 자원했고, SAS는 외부에 개설된 SAS 아카데미를 통해 배웠다. 당시만 해도 SPSS와 SAS를 동시에 다룰 수 있는 사람은 흔치 않았는데 이들 통계 패키지를 다루게 되면서 필자는 데이터 분석을 하는 데 자신이 생겼다. 맡은 업무의 깊이를 더 할 수 있었고 그래서 이 분야에 대한 전문성과 자신감으로 직장생활의 새로운 비전을 세울 수 있었다.

구입한 컴퓨터로 집에서 다양한 실습을 하며 '국내 최고 데이터 분석가'에 대한 꿈도 꿀 수 있었다. 또 이에 대한 전문성을 갖추기 위해 야간 대학원에 진학하였다. 업무와 학업을 병행하는 것은 예나 지금이나 어려운 일이지만 이를 통해 데이터를 분석하고 해석하는 전문성을 깊이 있게 갖출 수 있었고, 취득한 학위도 도움이 됐다. 데이터 분석 분야에 대한 자신감은 직장생활 내내 필자에게 큰 무기가 되었음은 물론이다.

직장생활에서 자신의 가치와 경쟁력은 스스로 만들어가야 한다. 그래서 미래의 그런 모습을 위해 시간을 투자하는 것이다. 외부 기관이나 학원에 다니기도 하고 주말이나 야간에 진행하는 대학원에 진학할 수 있다. 혼자 전문서적 탐구나 온라인을 통한 다양한 학습도 가능하다. 직장에서 일하며 별도로 공부한다는 것은 쉬운 일이 아니다. 그렇지만 남몰래 그렇게 준비하는 사람들은 어디에나 있다.

미래에 대한 준비는 또한 현재의 일터에서 잠재적인 경쟁력을 갖추면서 혹시 모를 다른 일터를 위해 준비하는 것이기도 하다. 일터 중심보다 '업(業)'의 지속 관점인 것이다. 현재 위치에서 전진 스텝뿐 아니라 다른 공간에서 새로운 기회를 얻는 것도, 언젠가 있을 자신만의 '업(業)'을 만들어가는 것도 자신의 경쟁력이 있을 때 더욱 유리해진다.

삶의 건강과 풍성함을 위한 노력

셋째는 직장을 포함한 전체 삶을 건강하고 풍성하게 하기 위한 노력이다. 이는 정신이나 육체, 또는 경제적인 면에서 궁핍해지지 않기 위함이다. 직장생활을 시작할 때 비슷한 상황이었던 두 친구가 십여 년 뒤 경제적인 여유에서 차이가 나는 경우를 흔히 본다. 경제와 금융에 관심을 가지고 미래 목표를 세워 살아온 사람과 그렇지 않은 사람의 차이다. 생활경제라는 현실 세계에 관심을 기울여 아웃풋을 극대화할 방법을 찾는 것은 나와 가족을 위한 길이다.

그리고 삭막해지기 쉬운 삶을 윤택하게 해주는 것들이 있는데 그것은 바로 인문학, 예술, 스포츠다. 2천 수백 년 전 아테네 철학자나 중국 춘추전국시대 현인들의 사상과 철학을 접하면서 우리는 여전히 탄복하며 살아있는 교훈을 얻는다. 이는 삶의 깊이를 더해준다. 음악이든 미술이든 또 스포츠든 자신의 삶과 동반하는 취미를 하나 정도는 깊이 가지고 살아가노라면 삶의 눈빛이 더욱 평온하고 풍부해지며, 삶은 더욱 건강해진다.

주변 직장인 중에는 숨을 헐떡이며 하이에나의 눈길로 거친 길을 가는 안타까운 사람들이 있다. 눈앞에 보이는 것 이외 그 이상을 보지 못하는 경우인데, 인문학적 소양이 너무 빈곤한 가엾은 사람들이다. 설령 하이 포지션에 있더라도 메마른 심성이요 상처뿐인 영광으로는 롤 모델이 될 수 없다.

직장이 중요한 것은 길게는 은퇴할 때까지 30여 년을 보내는 삶의 중심을 지나는 기간이기 때문이다. 그 기간을 거치면서 가정을 이루고 자녀를 키우며 자기 삶을 다듬고 만들어간다. 직장에서 성패는 학창시절과는 달리 오랜 기간에 걸쳐 인생 전반에 영향을 미친다. 인생의 진정한 승부는 직장이라는 일터에서 벌어지는 것이다. 여기서 잘못되면 본인은 물론 가정과 자녀의 미래까지도 영향을 받는다. 그래서 직장의 삶이 중요한 것이고, 잘해야 한다.

현실이라는 오늘의 전투가 중요하지만, 그 전투의 와중에서도 때때로 미래의 나를 생각해 봐야 한다. 앞으로 닥칠 새로운 관문을 넘어서기 위해 오늘의 나는 얼마나 경쟁력을 지니고 있는지, 변화할 미래 사회에 맞설 준비는 얼마나 하고 있는지를 점검해봐야 한다. 그래서, 모두에게 이런 질문을 던져보고 싶다. "미래의 당신은 어떤 경쟁력이 있습니까? 그 경쟁력을 위해서 무엇을 준비하고 있습니까?"

Chapter 3

직장생활 금기사항
다섯 가지

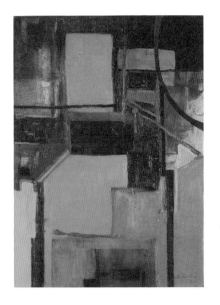

마음의 소리
Oil on canvas, 72.7 x 53.0, 2020

소탐대실의 길, 법인카드 오남용

부장이 점심을 사준다고 했다. 내 돈 내고 편하게 먹고 싶었지만 코스 요리를 먹는다는 말에 따라갔다. 보양식을 먹고 식당 앞에서 감사 인사를 했다. 직원들이 고개를 숙이자 부장은 흐뭇하게 웃었다. 순간 부장 손에 들려있는 카드에 눈길이 갔다. 회사 법인카드였다. '업무추진비'로 밥을 사준 것이다. 따지고 보면 자기 돈으로 산 게 아니라 회사 돈으로 사준 거 아닌가? 왜 우리가 감사해야 하는지, 왜 부장은 생색내는지 이해 가지 않았다. 내 말을 듣던 옆 부서 G가 웃었다.

"그게 어디에요? 우리 팀장은 법인카드로 거의 안 사줘요. 하지만 이상한 건 밥 한 끼 안 사주는 팀장의 법인카드 한도가 월말만 되면 다 찬다는 거예요."

G는 부서의 막내로 매월 말 법인카드 영수증을 정리하여 총무팀에 전달한다. 그래서 팀의 법인카드 사용내역을 잘 알고 있다. 팀장이 법인카드로 결제한 식사 비용이나 저녁때 술 한잔 걸친 내역을 상세히 아는 것이다.

"막내들끼리 만난 자리에서 다른 팀은 어떤지 조심스럽게 물어봤어요. 똑같더라구요. 아, 웃긴 이야기도 들었어요. A팀장, B팀장이 같이 술을 마셨나 봐요. A팀장 법인카드로 결제하려 했는데 한도가 부족한 거예요. 쓸 수 있는 만큼만 A팀장이 결제하고 나머지는 B팀장 법인카드로 긁은 거죠. 그 영수증을 A팀장은 영업비, B팀장은 회식비로 정리했어요. 그런데 나중에 총무팀장한테 걸렸어요. 결제한 식당도 같은 곳이고 결제 시간도 13초밖에 차이가 안 났다고 하네요."

다음 브런치 북에 올라온 사례인데 사실 법인카드에 대해서는 훨씬 다양한 이야기들이 많다. 법인카드 사용의 이면에는 어쩌면 직장인들의 애환이 있고 때로는 탐욕이 묻어나기도 한다. 위의 팀장들 예처럼 간단히 창피를 당하고 끝나면 천만다행이다. 개인적인 사용 등 법인카드 오남용은 처음엔 작은 것에서부터 시작해 결국 형법상 횡령에 이른 사례도 있다.

바늘 도둑이 소 도둑 된다

IT기업 인사팀 J는 직원들의 해외 출장비 전표처리 업무를 맡았다. 어느 날부터 개인적인 밥값, 커피값, 피자값을 법인카드로 결제하기 시작하다, 회사에서 눈치를 채지 못하자 급기야 법인카드로 명품가방을 사고 해외여행까지 다녀왔다. 일본으로 여행하면서 항공권 구매, 숙박 등 경비는 물론 호스트바 등에 드나들면서 거액을 결제하였다.

J는 동료들 이름을 사용해 출장신청서를 위조했고 자신이 사용한 영수증, 대금청구서, 신용카드 매출전표 등을 첨부해서 재무팀 직원에게 제출했다. 그러다 회계 감사 과정에서 들통나 결국 업무상 횡령으로 징역 2년 6개월을 선고받았다.

몇 년 전 화제가 되었던 법인카드 사적 사용에 관한 뉴스 기사이다. 처음엔 밥값 몇만 원으로 시작했으나 이것이 통하게 되자 더 큰 탐욕을 부린 끝에 결국 범죄자의 길로 들어섰다. J처럼 바늘 도둑일 때 견제가 없거나 스크리닝을 제대로 하지 못한다면 점차 간 큰 소도둑이 될 수도 있다는 점에서 법인카드의 오남용에 대한 경계나 경고는 개인적으로나 회사 차원에서도 매우 중요한 일이다.

취업포털 「커리어」가 인사담당자 374명을 대상으로 '법인 카드 사용'에 대해 설문 조사한 결과 응답자의 57.8%가 '법인 카드 사용에 꼼수를 부린 직원이 있다'고 답했다고 한다. 꼼수를 부린 행동에는 '회사업무를 가장해서 사적으로 사용한다'(66.3%, 복수응답)라는 답변이 1위였고, '금액이 큰 것은 나눠서 결제한다'(16.8%)가 뒤를 이었다.

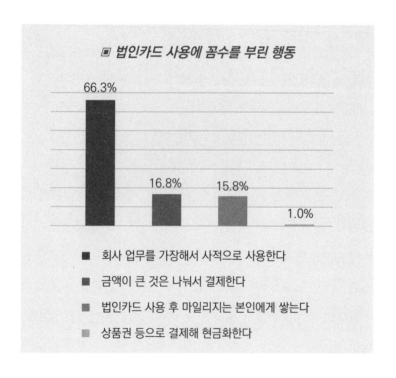

■ 법인카드 사용에 꼼수를 부린 행동

66.3%
16.8%
15.8%
1.0%

■ 회사 업무를 가장해서 사적으로 사용한다
■ 금액이 큰 것은 나눠서 결제한다
■ 법인카드 사용 후 마일리지는 본인에게 쌓는다
■ 상품권 등으로 결제해 현금화한다

이러한 조사결과는 법인카드가 회사에서 규정한 업무적 용도로만 사용되는 것이 아닐 수 있음을 시사하고 있다. 특히 사용한도나 사용범위에 대한 엄격한 규정이나 통제가 느슨한 경우 더욱 일어날 수 있는 일이다. 실제 직장 상사의 법인카드 사용과 관련해선 할 말이 많은 사람이 꽤 있을 것이다.

지난 대선에서도 법인카드의 사적 사용이 커다란 이슈였다. 두 후보의 선거 결과가 근소한 차이였기에 만약 그런 일이 없었다면 대선 결과가 바뀌었을지도 모를 일이다. 언론의 지나치게 부풀린 보도도 한몫 했겠지만 법인카드를 잘못 사용한 것이 잘못의 원천임은 부인할 수 없다. 소탐대실치고는 너무 가혹하고 역사적이다.

이처럼 법인카드의 오남용에 주목하는 이유는 이것이 성적인 스캔들과 함께 직장생활을 잘하다가 한 방에 무너뜨리는 원인이 될 수 있기 때문이다. 특히 직급이 높아질수록 견제가 느슨해지면서 이들 두 가지에서 모럴 해저드가 발생할 가능성이 있으며, 그래서 이 때문에 직장생활에 브레이크가 걸릴 수 있다.

법인카드 사용에서 가장 핵심적인 이슈를 정리하면 첫째는 쓸 수 있는 재량의 범위, 둘째는 규정 외 사용, 그리고 셋째는 거짓 증빙이다.

재량은 내부적인 용도로 법인카드를 사용하게 될 때, 즉 직원 회식이라든지 내부 직원과의 식사에 어느 정도까지 쓸 수 있는지의 판단이다. 회사가 정한 범위가 있다면 그렇게 하면 그만인데 이 부분을 명확하게 규정하지 않은 곳도 많다. 그러므로 스스로의 판단이 중요하다.

앞서 언급한 A와 B팀장의 사례를 생각해보자. 이 회사는 한도 내에서 내부고객을 위해 사용할 수 있었던 점으로 보아 두 팀장의 회식비로 정리하면 되는데, 사용 금액이 커서 나눠 결제하고 또 거짓으로 증빙했다. 이들의 과도한 사용은 재량 경계선에 있었을 것이고 그것은 거짓 증빙으로까지 이어졌다. 둘만의 음주 회식에 과다한 비용을 법인카드로 결제한다는 것이 부담스럽고 꺼림칙해 접대비로 위장했을 것이다.

이처럼 내부 직원들 회식에 과다하게 법인카드를 쓰는 것을 긍정적으로 바라볼 회사는 없다. 내부 회식 용도로 일정 사용은 인정하더라도 금액이 과도해지면 문제의 시각으로 본다. 재량에 대해서는 법인카드를 사용하는 부서장이 회사의 규정과 관습에 따라 판단하겠지만 이때 선을 넘어가는 사용인지를 잘 판단해야 한다.

예컨대 팀 내 이슈가 있어 어쩌다 팀원 전체와 점심을 하게 된 경우 이를 재량으로 허용하는 회사들이 있지만, 직원들과 같이한 점심 비용을 빈번하게 법인카드로 결제하면 재량을 넘어선 과도한 사용이 될 것이다. 저녁 식사나 회식 비용도 그런 관점에서 스스로 판단해야 한다. 자신한테 너무 너그러우면 회사의 누군가가 엄격해질 수밖에 없다.

규정 외 사용과 거짓 증빙

규정 외 사용은 더 큰 문제이다. 문제가 될 수 있는 규정 외 사용의 대표적인 예는 개인적 용도의 사용, 즉 사적 사용이다. 예를 들면 법인카드로 ① 가족과 식사를 했다, ② 주말에 친구들과 라운딩을 했다, ③ 단골 술집에서 혼자 술을 마셨다, ④ 직원들과 함께 안마시술소에 갔다, ⑤ 명품가방을 샀다, ⑥ 회사 물품을 사면서 내 것까지 같이 결제했다, ⑦ 친구들과 식사를 했다 등이다.

모두 다 문제가 되는 사적 사용이다. 특히 ①, ③, ④, ⑤번은 언론에도 보도된 사례로 장관 후보자, 은행원, 스포츠 협회 직원, 언론사 사장 등의 사례다. 나머지 사례도 비슷하다.

참고로 앞서 인사담당자 설문 조사에서 '귀사 직원이 허락 없이 개인적인 용도로 법인카드를 사용하다 들켰을 때 어떻게 대응하나'라는 질문에 응답자의 51.1%가 '금액을 본인 부담으로 한다'로 가장 많았고 '경고한다'(25.9%), '시말서 제출'(19.0%), '감봉'(3.2%), '해고'(0.5%) 순이었다.

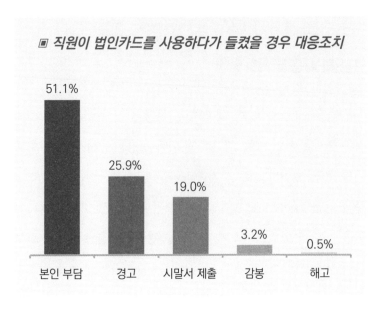

■ 직원이 법인카드를 사용하다가 들켰을 경우 대응조치

51.1%
25.9%
19.0%
3.2%
0.5%

본인 부담   경고   시말서 제출   감봉   해고

그러나 금액이 적다면 몰라도 앞의 예에서처럼 금액이 커지면 형사고발로 이어질 수 있다. 대법원 판례에 의하면 지인들과의 식사 대금을 법인카드로 결제한 피고인에게 업무상 배임죄를 적용한 사례가 있다. 법인카드의 사적 사용이 회사에 손

해를 끼쳤다 하여 형사적 판결을 받은 것이다. 그러므로 규정에 맞는 사용만이 마음 편하고 또 오래 가는 바른길이다.

마지막으로 거짓 증빙이다. 법인카드에 대해서는 일반적으로 업무상으로만 사용하도록 규정화하고 있고 사용자는 어떤 용도로 사용했는지를 밝혀야 한다. 그런데 직원과의 회식에서 재량을 넘어 과도하게 사용한다든지 개인적인 용도로 사용한 것에 대해 사실대로 얘기하는 경우는 많지 않다. 꺼림칙하니 거짓으로 사용내역을 제출하는 것이다.

회사 또는 담당 부서에서는 거짓 증빙으로 의심 가는 심증이 있더라도 어떻게 할 수 있는 것이 아니다. 그렇지만 이런 모럴해저드가 쌓여가면 당사자는 심리적으로 떳떳하지 못해 리더십을 발휘하기 쉽지 않다. 그리고 거듭되다 보면 누군가는 이것을 알게 되고 소문이 퍼질 가능성이 있다. 잦은 꼼수 사용은 뒷담화의 대상이 되면서 언젠가는 문제가 불거지는 것이다.

사실 영수증 처리를 담당하는 부서에서는 이러한 사용내역을 보면서 경험상 가지는 추정과 판단이 있다. 이들에게 의심을 제공하는 행위는 언젠가는 레이더에 걸려 창피함을 당하거나 회사 생활에 어려움이 생길 수 있음을 알아야 한다. 소탐대

실로 가는 길이다. 혹여 회식비로 과도하게 썼다면 있는 그대로 얘기하여 용인을 받는 것이 속 편한 일이다.

견제받지 않는 법카 사용

법인카드 사용에는 직급이 높은 경영진도 특히 유념해야 한다. 이들에게는 법인카드 사용에 대한 견제나 감시가 느슨한 경우가 많아 직원 신분일 때보다 눈치를 덜 보고 비교적 손쉽게 쓰기 때문이다. 그러다 보면 자신도 모르게 규정을 가리지 않고 다양하게 사용하는 오남용의 길로 접어든다.

대표이사나 최고위 임원이 갑자기 물러나거나 청문회 등에서 공직 후보자가 문제가 되는 사례를 보면 법인카드의 지나친 오남용이나 회사자금의 유용 등 돈 문제가 원인이 되는 경우가 많다는 사실에 주목해야 한다. 직위가 높아질수록 오남용이라는 잘못된 유혹의 덫에 빠져선 안 된다. 모범이 되지 않으면서 직원들에게만 엄격함을 요구해선 제대로 영이 설 리 없다.

그런 면에서 오너가 있는 회사의 전문 경영인 대표이사는 회사 공금을 마음대로 쓸 수가 없는 경우를 여러 번 봤다. 증권사 U와 중견 대기업 H의 재무부서에서는 분기별로 대표이사가 쓰는 법인카드의 사용내역을 오너 회장에게 보고한다는 것이다. 두 회사의 대표는 법인카드 사용을 최대한 자제했다고 한다.

법인카드 사용 승인이 갈수록 까다로워지는 것은 임직원들의 오남용을 견제하거나 막고자 함인데 이를 피하고자 다른 경로로 비자금을 만드는 경우가 있다. 이렇게 되면 권고사직 또는 해고의 길로 가거나 심하면 형사적 책임을 져야 한다.

중견 N사의 K부장은 법인카드 사용이 엄격해지자 거래처에 부풀려진 세금 계산서를 청구하게 한 다음 차액을 현금으로 돌려받아 비자금을 만들었다. 그렇게 만든 돈으로 직원들과 회식을 하거나 골프를 치는 데 썼다고 한다. K는 회사의 배려로 형사고발은 피했지만 횡령한 돈을 물어내고 회사를 떠나야 했다. 그때까지 잘 나가던 K의 직장생활은 그것으로 끝이었다.

전문업계 K사의 G수석은 외부 인건비를 과다 계상하여 회사에 청구했다. 외부의 P에게 상당액을 지급하게 한 다음 G의 계좌로 다시 돌려받은 것이다. 물론 G와 P의 합의로 이뤄진 횡령이었지만 추후 G와 P의 관계가 악화되면서 이 사실이 회사에 알려지게 됐다. 이 일로 G가 그때까지 쌓아온 명성은 실추되었고 회사는 물론 업계에서 추방되다시피 했다.

더 멀리 더 높이 가려면

앞서 좋지 않은 사례를 여러 가지 들어 설명했지만 사실 직장인 대다수는 법인카드를 업무적 용도로 규정에 맞게 사용하고 있으며 회사의 공적인 돈에는 손을 댈 생각도 하지 않는다. 단지 소수의 사람만이 회사의 공적인 돈과 재물에 대해 꼼수나 탈법의 유혹을 받는 것이다.

그리고 그 유혹은 직책을 갖게 됨으로써, 또 직책이 올라갈수록 더해질 수 있다는 점에 유의해야 한다. 이를 피하려면 작은 것에 대한 탐욕부터 억제해야 한다. 까딱하다간 더 무서운 탐욕으로 커질 수 있기 때문이다. 누군가는 이를 유심히 보고 있을지 모를 일이다. 결정적일 때 작은 것으로도 털릴 수 있음을 알아야 한다. 위조 증명서나 위장 전입 그리고 법인카드나 공금의 유용 때문에 큰 대가를 치르는 경우를 우리는 목도하지 않았던가.

더 멀리 더 높게 가야 할 직장생활이 얼마 되지 않는 법인카드의 꼼수 사용으로 잠재 리스크가 되거나 브레이크가 걸려서야 되겠는가. 이런 일일수록 스스로가 떳떳해져야 한다.

당신의 딴짓, 누군가는 알고 있다

아들 얘기로 글을 시작하려고 한다. 아들에게도, 이글을 읽는 사람들에게도 송구스런 일이지만 직장에서 일과 중 휴식과 쉼에 대해 얘기하려다 보니 그렇게 됐다.

아들은 한창 공부해야 할 나이에 게임과 판타지 소설에 빠진 적이 있다. 그때만 해도 상황의 심각성을 몰랐다. 잠깐 그런 줄 알았다. 학창 시절에 뭐 그런 것에 한 번도 빠지지 않고 '엄친아'의 길만 가는 사람이 얼마나 되냐며 심각하게 생각하지 않았다.

그런데 성년이 된 아들이 실토하길, 당시 판타지 소설을 읽거나 게임을 하느라 새벽녘까지 잠을 제대로 못 잔 날이 비일비

재했다고 한다. 그것도 꽤 오랜 기간에 걸쳐 그랬다는 것이다. 뒤늦게 알았지만 어떡하랴. 아쉬움이 있다면 당시 아들이 공부에 몰입하는 모습을 별로 보지 못했다는 사실이다.

그런 아들이었다. 그런데 직장생활 5년 차에 들어선 아들의 일하는 모습을 보노라면 신기하고 의아하며 놀랍기도 하다. 아들 말에 의하면 일하는 시간에는 거의 쉬지 않고 일에만 몰입한다고 한다. 일하는 시간에 딴짓도 안 하며 잘 쉬지도 않는다는 것이다.

판타지 소설과 게임을 제외하곤 집중하여 뭔가를 하는 것을 보지 못한 아들의 성장 과정을 생각할 때 아들의 과도한 업무 몰입이 상상이 잘 안 된다. 간혹 일이 있어 업무시간에 전화하면 거의 받지 않거니와 받더라도 지금 바쁘니 나중에 통화하잔다.

그럴 때마다 서운하기도 하고 이놈이 뭐가 바쁘다고 그러나 싶었다. 신입사원이라면 이해하겠지만 이제 직장생활의 맛과 흐름을 알아가는 5년 차 직장인 아닌가. 직장에선 일과 중에 틈틈이 쉬기도 하고 자신만의 시간을 갖는 것이 일반적인데 아들에겐 좀 특이한 구석이 있었다.

그래서 물은 적이 있다. "좀 쉬어가며 눈치껏 일해도 되지 않니?" 아들의 답이 MZ 세대답다. "아빠, 저는 업무시간에 집중하여 일하는 대신 야근은 안 하잖아요." 그러고 보니 그렇다. 아들이 야근한 기억이 별로 없다. 저녁 시간과 주말은 온전히 자기 시간으로 하고 싶다는 얘기다.

이 녀석이 학창시절 게임과 판타지에 빠져 학업을 게을리 한 아들인가 싶다. 직장생활이라는 사회적 생활은 학창시절과는 달리 사람을 균형 잡아주고 더 철들게 하나 보다. 다행히 아들은 인사평가에서 나쁘지 않은 평가를 받고 있다.

스트레스와 휴식의 균형, 성공을 지속하는 힘

직장인이 출근하여 퇴근할 때까지 보통 8시간 근무하는데 그 시간 내내 쉬지 않고 일만 하는 사람은 드물다. 일하는 동안 중간중간에 잠깐의 쉼과 휴식을 취하는 것이 보통의 모습이다. 우리 몸과 마음은 쉼을 통해 회복되고 또 여유를 갖게 되어 본업에 집중할 수 있게 된다. 그것은 꼭 필요한 과정이다.

그러므로 업무 중간에 잠시 여유를 갖거나 휴식을 취하는 것은 자연스러운 일과의 흐름이라고 할 수 있다. 학교 다닐 때도 50분 수업 후 10분 정도는 쉬지 않았던가. 그래야만 다시 돌아와 공부에 집중할 수 있는 정신적, 신체적 힘이 생긴다.

미국의 경영컨설턴트인 브래드 스털버그와 스포츠 멘탈리스트인 스티브 매그니스의 공동 연구에 의하면 "50~90분 강도 높게 일하고 7~20분 쉴 때 최고의 성과를 내는데 필요한 신체적, 지적, 감정적 에너지를 유지할 수 있다"고 한다.

두 사람은 젊어서 각각 경영 컨설팅과 육상에서 천재적인 능력을 발휘하여 촉망을 받은 인재였다. 그런데 이들은 더는 성장하지 못하고 제자리에 멈추게 되었는데, 그 이유를 연구해보니 '탈진증후군(Burnout Syndrome)'에 걸린 탓이었다고 한다.

어려서 범상치 않은 최고의 기량을 보이다가 나중에 평범한 길로 들어선 주변의 여러 사례도 마찬가지다. 한 가지 일에만 지나치게 몰두하던 사람이 극도의 신체적, 정신적 피로로 무기력증이나 자기혐오 등에 빠지는 증상에 발목을 잡힌 경우다.

닷새를 일하고 이틀의 휴일을 갖는 것도 마찬가지다. 휴일 없이 계속 출근하여 일한다고 생각해보자. 얼마나 끔찍한 일인가. 필자도 한때는 야근이나 주말 근무에서 벗어나지 못한 적이 있었는데 그 기간이 오랫동안 지속되지는 않았다. 어느 특정 시기에 필요하다고 판단되면 야근도 하고 주말에도 출근했을 뿐이다. 중요한 제안서 제출을 앞두고 팀원들과 2주, 3주 집중하는 것은 당연한 것 아닌가.

그런데 1년 내내 줄곧 야근이요, 주말 근무라면 누구라도 감당하기 어려울 것이다. 만약 적당한 휴식을 갖지 못한 채 야근을 밥 먹듯 하거나 휴일 없이 일만 하는 기간이 길어지면 탈 날 수 있다.

브래드 스털버그와 스티브 매그니스는 자신들의 경험을 과학적으로 분석하여 '스트레스+휴식=성장'이라는 궁극의 성공 공식을 찾았는데 스트레스와 휴식의 균형을 이뤄야 지속 가능한 성장을 끌어낼 수 있다는 의미이다.

앞만 보고 달려온 후배의 안타까운 퇴장

필자의 직장 후배 K의 예를 보자. K는 일에 빠진 워커홀릭(Workaholic) 스타일이었다. 매일 야근이었으며 주말에도 꼭 출근하여 자기의 일을 챙겼다. K를 경력사원으로 추천한 사람이 필자였는데 그렇게 일하는 K가 기특하면서도 계속 그러다간 언젠가 심신에 문제라도 생기지 않을까 염려가 됐다. 그러나 K의 성취 욕구가 워낙 강했기에 말릴 수 있는 것도 아니었다.

많은 시간을 투입해 공들여 일하는 데다 업무를 보는 시각에 인사이트가 있던 K가 다른 직원들보다 업무 완성도가 높음은 당연했다. 그러다 2년쯤 후 K는 팀장으로 승진해 신설된 부서로 이동했다. 쉼 없는 열성에 업무 성과도 좋았으니 좀 빠른 승진이었다.

그런데 K가 팀장이 되고 몇 개월 지나면서 예기치 않은 문제가 생겼다. 수년째 별다른 휴식 없이 일에 매진하다 보니 건강과 가정에 이상 신호가 온 것이다. 자아에 대한 눈높이가 높고 미래를 향한 욕구가 강했던 K의 몇 년에 걸친 브레이크 없는 질주가 발단이었다.

또 다른 문제는 팀원들에게 자기와 같은 업무 강도와 퀄리티를 요구하면서 발생했다. 팀원들은 팀장의 눈높이에 따라가지 못하고 버거워했으며 그에 따른 스트레스와 불만은 갈수록 커졌다. 일부 팀원들의 이탈이 발생했고 팀은 와해 일보 직전까지 갔다.

건강과 가정의 문제에다 자기가 맡은 팀도 감당하기 어려운 상황에 봉착하자 K는 고심 끝에 사표를 냈다. 가정과 건강을 지키고 또 자기 스타일에 맞게 일하기 위해 조직을 떠나 프리랜서의 길을 택한 것이다. 필자는 여러 번에 걸쳐 K에게 건강관리와 함께 팀장으로서 리더십을 잘 발휘할 수 있도록 권고했던 기억이 있다.

반면교사인 K의 사례가 아니더라도 일주일에 이틀을 쉬고, 업무 중간중간에 자기 나름의 방식으로 잠시 여유를 갖거나 휴식을 취하는 것은 업무의 효율을 위해서나 워라밸을 위해, 또 몸과 마음의 건강을 위해서도 꼭 필요한 과정이다. 업무라는 일상 속에서 적당한 휴식을 취하며 일을 하는 것은 누구에게나 있는 보통의 모습이자 권리이다.

과도한 휴식이 일상인 사람들

그런데 반대로 휴식과 쉼이 과한 경우가 있다. 휴식 시간이 습관적으로 지나치거나 근무시간에 자기만의 시간을 푹 즐기는, 즉 일과 중 과하게 딴짓 거리를 하는 경우다.

이는 평상시 업무가 타이트하지 않은 사람이나 이틀 걸리는 일을 하루 만에 빨리 또는 대충 끝내고 나머지 시간에 편히 있고자 하는 사람에게 있을 수 있는 유혹이다. 아니면 관리가 소홀하여 불성실하게 일해도 별로 지장이 없는 직군에서 나타날 수 있는 현상이다.

어느 날은 바빠서 거의 쉬지 못하는 경우가 있고, 어느 날은 여유가 있어 휴식의 시간이 많은, 일과의 불균형 과정에서 간혹 있는 편안한 휴식을 말하는 것이 아니다. 그런 상황은 누구나 이해한다. 문제는 바로 업무시간에 습관적으로 자기만의 딴짓을 즐기는 것이다.

JTBC의 2021년 11월 보도를 보자. 관리가 느슨한 현장에 근무하는 공무원의 다소 극단적인 사례이지만 일과 중 딴짓 거리를 하는 대표적인 사례다.

지난달 인천공항 국제우편세관. 관세청 직원이 고개를 숙이고 휴대전화를 보고 있습니다. 뒤늦게 자리에 앉은 다른 직원도 자리에 앉자마자 휴대전화를 집어 듭니다. 40분짜리 영상에서 직원들은 30분 넘게 휴대전화만 보고 있습니다. 컨베이어벨트의 우편물을 보는 시간은 5분이 채 되지 않습니다.

여기는 해외에서 국내로 들어오는 국제 우편물이 가장 먼저 거쳐 가는 곳입니다. 직원들은 우편물을 만져보거나 뜯어보고 탐지견을 이용해 마약이나 짝퉁 등을 걸러내야 합니다. 하지만 직원들이 휴대전화만 보는 사이 컨베이어벨트 위로 수많은 우편물이 그냥 지나갔습니다. 국제 우편물이 다음으로 거쳐 가는 X-RAY 검사실도 상황은 비슷합니다. 관세청 직원이 X-RAY 화면이 아닌 휴대전화만 쳐다보고 있습니다.

휴대전화로 카카오톡을 하거나 게임이나 주식을 하고 블루투스

이어폰까지 끼고 유튜브를 봅니다. 그러는 사이 또다시 수많은 우편물이 컨베이어벨트 위를 지나갑니다. 이렇게 검색대를 통과한 우편물은 곧바로 국내 곳곳으로 배달됩니다. 관세청 근무체계에 따르면 근무시간과 쉬는 시간은 따로 정해져 있습니다.

[A씨/전 인천공항 용역 사원 : 처음에는 좀 놀랐죠, 많이. 그런데 그다음 날도 또 똑같고 그다음 날도 계속되니까 그냥 무뎌진 거 같아요. 처음에는 이렇게 허술하게 봐도 되나 싶을 정도로 그냥 놀이터였어요, 거기는.]

A씨는 지난 6월부터 10월까지 5개월 동안 국제우편세관 직원들의 근무 실태를 매일 동영상으로 촬영했습니다. 이렇게 모은 30분 안팎 동영상이 300여 개, 총 150시간 분량입니다. 영상에는 관세청 직원들이 근무시간에 휴대전화를 보거나 모여서 잡담하고 조는 모습이 생생하게 담겨 있습니다.

공무원이니까 가능한 일이고 일반 기업에선 결코 있을 수 없는 사례라고 얘기하고 싶지만 과연 그럴까. 언제나 바쁘게 돌아가는 업무 현장이나 조금만 방심하면 경쟁사에 시장을 빼앗기는 치열한 전투가 전개되는 곳에서는 있을 수 없는 일이지만, 어디 업무 현장이 다 그런가. 어딘가에서 누군가는 이런 은밀한 딴짓을 습관적으로 즐기고 있을지 모른다.

그리고 이 보도에서처럼 최근에는 스마트폰이 업무를 방해하는 가장 큰 적이 되었다. 공부하는 학생들에게도 마찬가지다.

스마트폰 안에는 카카오톡, 게임, 주식, 유튜브 외에도 웹툰, 인터넷 소설, 쇼핑은 물론 수많은 정보 검색 등 다양한 영역들이 있다. 너무 유익하고 재미를 주는 스마트폰이지만 본업을 하는 시간일 때는 악마의 유혹일 수 있다. 심지어 상사가 주재한 중요한 회의 시간에도 스마트폰 때문에 회의에 집중하지 못하는 경우가 종종 있다고 한다.

긍정적으로 생각해서 정보를 탐색하거나 SNS 활동을 하는 것은 업무의 일환이거나 고객과의 소통일 수도 있다. 그것이 아니라도 때로는 그 시간에 꼭 해야만 하는 개인적으로 필요한 활동인 경우가 있다. 그런데 그런 차원이 아니라 매일같이 많은 시간을 할애하여 폰으로 게임이나 웹툰 또는 유튜브를 즐기거나 사적인 영역에서 SNS를 하거나 검색을 즐긴다면 업무에 제대로 집중할 수 있을까?

이에 비하면 점심시간을 좀 길게 잡고 쉬는 시간을 즐기거나 휴게실이나 회사 근처 카페에서 동료와 오랜 대화의 시간을 갖는 경우는 그래도 양호하다. 최근 코로나19로 재택근무가 늘어나고 있는데 재택근무를 하다 보면 갈수록 공사가 구분되지 않고 있는 자신을 발견하기도 한다.

이런 활동이 사실 어느 정도는 필요한 일이기에 허용범위 안에 있으면 아무 상관이 없지만 용인될 수준을 넘어서고 있는 것이 문제이다. 우리는 가까이 있는 주변 동료들이 어느 정도 범위 내에서 이러한 번외 시간을 갖는지 대략 판단할 수 있다. 마찬가지로 나의 활동도 주변의 동료나 상사에 의해 판단 받고 있음을 명심해야 한다.

누군가는 보고 있다

휴식과 쉼을 얘기할 때 빼놓을 수 없는 것이 직급이 높은 사람들이다. 이는 직급이 높은 사람일수록 시간을 자유롭게 쓰는 경우가 많기 때문이다. 그런데 아무리 직급이 높아도 자유로움이 어느 선을 넘으면 보이지 않는 곳에서 험담의 대상이 됨을 알아야 한다.

예컨대 「블라인드」나 「잡플래닛」 등 직원들의 고충을 토로하는 사이트에 들어가 보면 상사가 업무시간에 게임에 빠졌거나 사적인 활동에 과도하게 집착하고 있다는 불만의 글들이 심심찮게 올라오고 있다.

높은 직급으로 올라간다는 것은 책임의 범주가 커지는 것이지 업무라는 시간표에서 아래 직급보다 더 자유로워지는 것이 아닐진대, 느슨한 마음이 되어 지켜야 할 어느 선을 넘어서면 직장생활의 말로가 불행해질 수 있음을 알아야 한다. 그래서 상사가 될수록 늘 행동거지를 바로 할 필요가 있으며 초심이 흐트러지지 않도록 유의해야 한다.

당연히 휴식이나 사적인 시간 등 업무 외 시간이 과도해지면 일에 집중도가 떨어질 수밖에 없다. 또 이러한 행위는 습관화되기 쉽다. 그래서 회사의 평가시스템은 이를 경고하는 역할을 해야 한다. 업무에 집중하지 못하거나 틈나면 편한 시간을 가지려고 하는 사람들에게 인사평가가 좋을 리 없고 따라서 진급이나 승진, 성과급이 후할 리 없다. 그런 사람이 술술 잘 풀려선 공정이 담보되지 않는다.

좋은 결과를 내기 위해 더 애쓰는 사람이, 일에 더 집중하는 사람이 긍정적으로 평가받고 존중받도록 하는 것이 공정한 평가 제도이다. 그래서 인사평가는 결과와 함께 과정도 평가함으로써 열심히 일하려는 사람을 지지해주는 것이다.

그래서인지 열심히 일하지 않는 사람일수록 열심히 일하는 척하고 또 그렇게 보이고 싶어 할지 모른다. 그들은 일하지 않는 자신만의 시간은 가능하면 감추고 일하는 시간을 돋보이려 한다. 직장인이면 누구나 상사나 주변 사람에게 자신이 열심히 잘하고 있음을 어필하고 싶은 욕구가 있기 때문이다. 열심히 일하는 사람이 그렇다면 당연하겠지만 그렇지 않은 사람이 '열일'하는 것처럼 위장하기도 하는데 상사와 회사는 상황파악을 잘하고 있어야 하며 이에 속지 말아야 한다.

좋은 습관, 좋은 루틴

매일매일 되풀이되는 일과 업무, 일 년 하고 끝날 일도 아니고 십 년 하고 끝날 일이 아닌 직장생활이 지속 가능하며 성공적인 길로 가려면 다른 중요한 요인도 있지만 쉼과 휴식의 관리도 중요하지 않을 수 없다.

가능하면 많이 쉬고 싶고, 편하게 일하고 싶은 유혹이 있을 때 이를 이겨내는 것이야말로 성공적인 직장생활의 기초가 된다. 그렇게 하기 위해서는 일과 속에서 좋은 습관을 들여야 한다. 이는 지난 일주일간 자신의 업무 시간표를 정리해보는 것에서 시작한다. 실제 일에 집중한 시간이 얼마인지, 일과 상관없이 보낸 시간이 얼마인지, 그리고 무엇을 하며 보냈는지를 곰곰 되돌아보는 것이다. 만약 정상의 범주를 벗어났다면 계속 그렇게 가도 괜찮은지, 아니면 스스로 습관을 혁신할 것인지를 판단해야 한다.

하루하루 좋은 일과, 스스로 만족할 일과를 만들어가는 습관이야말로 삼십 년 지속하는 직장생활에서 가져야 할 중요한 루틴이다. 좋지 않은 습관과 루틴으로 일과에서, 직장생활에서 편함을 택한 자가 가는 길은 뻔하다. 이들에겐 시간이 갈수록 기회라는 자비도 사라진다.

잠시 불편하고 힘들더라도 이를 참고 이겨내고자 지금 시도하는 한 번의 도전이 궁극적으로 더 좋은 습관으로 가는 첫 걸음이 될 것이다.

소설 『완장』이 떠오르는 이유,
회사에도 있는 완장

소설가 윤흥길이 1982년에 낸 『완장』이란 소설이 새삼 떠올랐다. 며칠 전 만난 지인 M의 얘기를 들으면서였다. 소설의 내용처럼 회사에서도 맡은 보직을 완장 삼아 '갑질' 또는 '완장질'을 하는 사람이 간혹 있다는 사실이 상기된 것이다. 소설의 내용은 이렇다.

최사장은 마을 저수지 사용권을 얻어 양어장을 만들고 그 관리를 동네 건달 종술에게 맡긴다. 처음엔 월급이 적어 감시원을 하겠다는 사람이 없었으나 주인공 종술은 '완장'을 채워 주겠다는 말에 흔쾌히 수락한다.

종술은 '감시원'이라고 새겨준 완장이 있었지만 자기 돈을 들여서 노랑 바탕에 빨강 글씨로 '감독'이라고 새기고 3개의 줄을 그어 위엄 있고 잘 보이도록 만들어 1년 내내 어딜 가나 완장을 차고 다녔다.

그는 완장을 팔에 차고 나서 저수지를 바라보면서 혼자서 중얼거린다.

"오늘부터 이게 다 내 저수지여, 내 손안에 있단 말이여. 누구도 넘보지 못할 내 땅이란 말이여."

그리고 그는 완장을 차고 중얼거렸던 말을 그대로 실행해 간다. 낚시하는 도시의 남녀들에게 기합을 주고 고기를 잡던 초등학교 동창 부자를 폭행하기도 한다. 얼마 전까지도 같이 말트고 하던 사람들에게 고자세로 돌변하니 그 꼴이 참으로 우스웠다. 저수지 감시원 완장 하나 찼다고 완전히 딴사람이 된 것이니 말이다.

그에게는 완장이 목숨보다도 중요하다. 그것이 있으면 권위가 서고, 그것이 있으면 다른 사람이 되고, 그것이 있으면 권리와 힘을 앞세워 다른 사람을 제압할 수 있으니 그에게는 무엇보다 완장이 중요했다. 완장의 힘에 빠진 종술은 읍내에 나갈 때도 완장을 두르고 활보한다.

완장의 힘을 과신한 종술은 급기야 자신을 고용한 사장 일행의 낚시질까지 금지하게 되고, 결국 관리인 자리에서 쫓겨난다. 하지만 해고에도 아랑곳하지 않고 종술은 저수지를 지키는 일에 몰두하다가 저수지 물고기들이 연달아 떼죽음을 당하자 가뭄 해소책으로 물을 빼야 한다는 수리조합 직원 및 경찰과도 부딪치게 된다.

그 과정에서 열세에 몰리자 종술은 '완장의 허황됨'을 일깨워 주는 술집 작부 부월의 충고를 받아들인다. 종술이 완장을 저수지에 버리고 부월과 함께 떠난 다음 날 소용돌이치며 물이 빠지는 저수지 수면 위에 완장이 떠다니며 소설은 끝을 맺는다.

소설 『완장』을 꽤 오래전 TV 미니시리즈로 보았는데도 지금까지 기억에 선연한 것은 주인공 종술의 완장에 대한 무서울 정도의 집착 때문이었다. 이 작품은 작건 크건 권력을 쥐면 업무 외적인 부분까지 사용하고 싶어 하는 인간의 속물적 근성을 다룬 것으로 이듬해 현대문학상을 수상했다.

완장을 찬 후배의 무례

　M은 후배 K를 매우 괘씸하게 여겼다. M과 K는 회사에서 새로운 조직을 이끌게 되었는데 M은 사업조직을, K는 지원업무를 맡았다고 한다. 문제는 M이 맡은 조직과 사업의 운영에 대해 지원업무를 빙자하여 후배인 K가 관여하기 시작하면서 발생했다.

　지원업무라는 것은 그야말로 다른 부서의 사업과 운영을 지원하는 것인데도 그것이 과도해지거나 또 감독이나 감시, 명령조의 역할이 되면 다른 조직과 충돌을 일으키기 쉬운 법이다. K가 그랬다고 한다.

　지원부서는 회사의 지침과 관리 기준에 대한 사항을 사업부서에 피드백해주며 때로는 그들의 일을 도와주기도 하고 또는 회사의 지침을 이해시키기도 해야 하는데도 K는 자신이 마치 완장을 찬 현장 감독이라도 되는 양 행동했던 모양이다. 더 괘씸한 것은 그의 무례한 말투였다고 한다.

　조직에서는 CEO가 지원부서를 통해 사업부서에 지침을 주는 경우가 종종 있는데 이 지침을 전달하고 공유하는 과정에서 그것도 권력인 양 지원 부서장이 어깨에 힘이 들어간 채 완장을 찬 사람처럼 행동하면 누가 좋아하겠는가.

어깨에 힘이 들어가면 오만해지기 쉽고 상대방의 원성을 사기 쉽다. 그러면 본래의 목적도 달성하기 어려워진다. 한때 권력이 있는 부서장으로 재직한 사람들이 그 오만함과 완장질로 인해 평판을 잃은 사례는 숱하게 많다. 하물며 별 권력도 아닌데도 마치 권력이란 완장을 찬 것처럼 행동한다면 어느 누가 좋아하겠는가.

힘을 빼야 좋은 샷이 나온다

골프에서 힘이 빠져야 좋은 샷이 나오듯 회사에서도 맡은 일이 무엇이든 힘을 빼야 본연의 일을 더 잘할 수 있고 주변으로부터 인정도 받을 수 있다. 실제 권력이 있다 해도 권력이 있음을 으스대거나 시위할 필요가 없잖은가. 권력의 대상이 되는 사람들은 속으로는 아무도 좋아하지 않는다는 사실을 명심해야 한다.

또한, 중요한 사실은 소설 『완장』과는 달리 그러한 지원부서의 '완장질'을 CEO가 잘 모른다는 사실이다. CEO는 자신이 얘기한 지침이나 가이드가 지원부서를 통해 사내에 얼마나 잘 공유되고 있는지에만 관심이 있을 뿐 그 과정에서 불거져 나오는 불협화음을 듣지도 보지도 못하는 경우가 많다.

CEO 귀에는 듣기 좋은 얘기만 들리는 경향이 있다. 사내에서 거북한 얘기를 CEO에게 하는 것은 고양이 목에 방울 다는 것처럼 어려운 일이다. CEO는 일반적으로 불편한 얘기를 싫어하기 때문이다.

그런데도 CEO들을 만나보면 회사의 전후좌우로부터, 즉 간부부터 말단까지 잘 소통하고 있으며 여러 직군으로부터 다양한 얘기를 다 듣고 있어서 회사가 돌아가는 상황을 잘 알고 있다고 과신하는 경우가 있다.

예컨대 CEO가 특별히 임명한 새로운 보직자가 있다고 치자. 그에 대한 평판을 직원들에게 물으면 정답이 나오겠는가? CEO가 듣기 좋아하고 기대하는 얘기를 주로 하는 것이 조직의 생리인 것이다. 더구나 CEO가 그를 신뢰하면 더욱 그럴 것이다. 그가 어디선가 CEO의 지침 운운하며 완장질을 함으로써 조직이 멍들어가고 있는데도 말이다. 이문열 작가의 『우리들의 일그러진 영웅』에서도 완장은 선생님이 진실을 알 때까지 견고

한 셈이었다.

그래서 쓴말과 바른말을 하는 누군가가 필요한 것이고 CEO
는 불편하더라도 그 얘기를 들어서 경영에 반영할 수 있어야
한다. 은밀히 완장질하는 보직자의 횡포와 이로 인한 조직의
갈등은 결국 CEO의 책임으로 돌아가기 마련이다.

젊은 꼰대, 잠 깨어오라

4개월 차 신입사원이 매일 '칼퇴'하고 있다. 팀장이나 선배들 눈치 안 보고 그야말로 '육땡'이다. 선배들은 종종 늦게 퇴근하거나 야근하고 있는데도 말이다. 보다 못한 입사 3년 차 선배가 신입을 불러 점잖게 얘기한다. 눈치 봐가며 퇴근하라고. 그런데 신입의 답변이 '신박'하다. "선배님, 퇴근 시간은 퇴근하라고 있는데 제가 제때 퇴근하는 것이 무슨 문제라도 있습니까?" 와우! 선배는 한 방 크게 먹었다. 자기를 꼰대 같은 선배로 바라보는 후배에게 어떻게 해야 하나. 과연 누가 꼰대인가.

꼰대라는 말이 유행이다. 특히 젊은 세대들은 어른이나 상사를 향해 너도나도 꼰대를 남발한다. 심지어는 꼰대의 정도를

테스트하는 인터넷 진단 사이트도 등장했다. 직장에서 상사는 까딱하다간 꼰대가 되기 쉽다. 소위 '라떼는 말야…'가 아니더라도 공자 같은 얘기나 살짝 잔소리만 해도 꼰대로 내몰리기 일쑤다. 집에서도 그렇다. 자녀들에게 잘못된 태도나 불친절, 게으름, 지나친 이기심 등을 지적하고 타이르면 자녀들은 또 잔소리라며 꼰대란다.

누구나 꼰대가 될 수 있다

위키백과에 의하면 꼰대는 본래 아버지나 교사 등 나이 많은 남자를 가리켜 학생이나 청소년들이 쓰던 은어였는데, 근래에는 자기의 구태의연한 사고방식을 타인에게 강요하는 이른바 꼰대질을 하는 직장 상사나 나이 많은 사람을 지칭하는 말로 변형된 속어이다. 즉 꼰대는 기성세대가 그들의 잣대로 젊은 세대를 훈계하거나 잔소리를 하면 젊은이들이 반발심을 가지고 쓰는 말이다.

꼰대가 부정적인 것은 무엇보다도 사고가 한쪽으로 굳어 소통하기 어려운 사람이란 의미를 담고 있기 때문이다. 어디든지 그런 사람과 같이 있으면 불편하고 힘들다. 호의적 관계 형성은 말할 것도 없다. 특히 직장에서는 팀워크가 중요한데 이를 기대하기 어렵다. 그래서 누구나 꼰대라고 불리는 것을 원치 않는다.

그런데 꼰대라는 용어는 젊은 층이 기성세대를 부정적으로 표현하는 것에만 그치지 않는다. 온라인 설문조사 회사 「엠브레인」이 2019년 직장인 1,000명을 조사한 결과에 의하면, 꼰대가 나이 많은 사람을 대상으로 하는 부정적인 표현이라고 생각하는 중장년층과는 달리, 20대 젊은 층의 80% 정도가 자신들 세대에도 꼰대가 있다고 답해, 꼰대는 나이에 상관없이 부정적으로 쓰이는 것으로 나타났다.

구인 구직 플랫폼 회사 「사람인」이 2020년 직장인 979명을 조사한 결과도 이를 뒷받침한다. 이 조사에 의하면 응답자의 약 71%가 사내에 젊은 꼰대가 있다는 데 동의했다고 한다. 젊은 세대에서도 기성 꼰대와 같이 지적이나 훈계 등 잔소리를 자신의 후배에게 늘어놓는 젊은 꼰대가 의외로 많이 있음을 뜻한다.

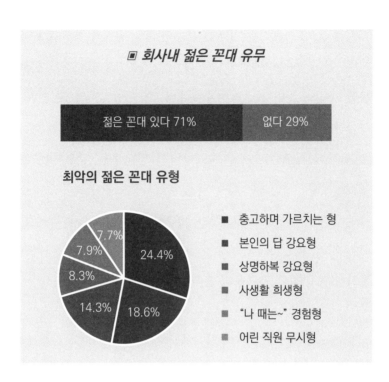

■ 회사내 젊은 꼰대 유무

| 젊은 꼰대 있다 71% | 없다 29% |

최악의 젊은 꼰대 유형

- 충고하며 가르치는 형
- 본인의 답 강요형
- 상명하복 강요형
- 사생활 희생형
- "나 때는~" 경험형
- 어린 직원 무시형

24.4%
18.6%
14.3%
8.3%
7.9%
7.7%

이처럼 꼰대란 용어는 나이 많은 세대를 타겟으로 출발했지만 이제 그 용어의 쓰임새는 세대를 관통하고 있다. MZ세대로 불리는 젊은 세대도 기성세대와 유사한 꼰대 행태를 보이면 그들의 후배들로부터 언제든지 꼰대라는 소리를 들을 수 있다. 세대와 무관하게 꼰대적인 행태를 보인다면 누구나 꼰대가 될 수 있는 것이다.

「사람인」 조사에서는 이러한 젊은 꼰대의 유형과 특징도 조사했다. 이 조사에서 최악의 젊은 꼰대 1위는 '자신의 경험이 전부인 양 충고하며 가르치는 유형'(24.4%)이었고, '자유롭게 의견을 말하라고 하고 결국 본인의 답을 강요하는 유형'(18.6%), '선배가 시키면 해야 한다는 식의 상명하복을 강요하는 유형'(14.3%), '개인보다 회사 일을 우선시하도록 강요하며 사생활을 희생시키는 유형'(8.3%), '"나 때는~" 식으로 시작하여 자신의 과거 경험담을 늘어놓는 유형'(7.9%), '본인보다 어리면 무시하는 유형'(7.7%) 등의 순이었다.

또 젊은 꼰대의 특징으로는 '자신은 4050 꼰대와 다르다고 생각한다'가 52.1%(복수 응답)로 가장 많았으며, 다음으로 '자신은 권위적이지 않다고 생각한다'(38.5%), '스스로 합리적이라고 생각한다'(34.8%), '후배의 입장을 잘 이해한다고 생각한다'(21.1%), '후배들과 사이가 가깝다고 생각한다'(18.6%) 순이었다. 하지만 정작 젊은 꼰대와 기성세대 꼰대를 비교했을 때 '둘 다 비슷하다'는 응답이 75.4%로 대다수를 차지했다.

▣ 젊은 꼰대의 특징

- 자신은 4050 꼰대와 다르다고 생각한다 52.1%
- 자신은 권위적이지 않다고 생각한다 38.5%
- 스스로 합리적이라고 생각한다 34.8%
- 후배의 입장을 잘 이해한다고 생각한다 21.1%
- 후배들과 사이가 가깝다고 생각한다 18.6%

이와 같은 조사결과는 젊은 꼰대 또한 기성세대 꼰대의 행태와 크게 다를 바 없음을 보여준다. 또 젊은 꼰대는 남들에게는 꼰대로 비치는데 스스로는 그러한 인식을 하지 못하거나 탈권위적 또는 합리적이라고 생각하는 경우가 많다는 점도 보여준다. 젊은 꼰대일수록 '내로남불'이 존재하는 것이다. 그렇다면 스스로는 인정하기 싫겠지만 꼰대의 길에 들어선 젊은 꼰대들, 과연 누구인가?

젊은 꼰대 1 _ 조직의 훼방꾼, 불만형 꼰대

가장 먼저 언급하고 싶은 젊은 꼰대는 불만을 입에 달고 사는

'프로불만러' 형이다. 이들은 회사나 하는 일에 대해, 또 자기 상사에 대해 매사 불만이 많거나 투덜대는 사람이다.

연봉이 적다, 복리 후생이 꽝이다, 야근이나 주말 근무가 많다, 보수적이다, 소통이 안된다, 기업문화가 후지다, 상사로부터 배울 게 없다, 중장기비전이 없다, 임원들은 뭘 하는지 모르겠다, 다른 회사는 통신비나 차량유지비·건강검진비용·취미 활동비를 지원해주고 원하는 만큼 휴가도 보장해준다는데…

사람도 그렇듯이 회사마다 여건이 다르고 완벽한 회사는 없다. 그래서 어떤 회사와 조직이든 불만 유발 요인들이 존재하고 다른 데와 비교하여 부족한 것들이 있을 수 있다. 회사는 직원 다수가 갖는 불만에 귀 기울여야 하고 또 그것을 개선하려고 노력해야 한다. 문제는 어떤 특정 개인의 일상화된 불만이다. 어린아이 같은 철없음을 넘어 조직에 갖는 불만이 습관화된 사람들이다.

그래서는 조직이나 공동체의 일원으로서 같은 방향을 가는데 훼방꾼이 되기 쉽다. 회사에 대한 로열티 없이 불만에 가득 찬 상태로 다닐 바에는 회사를 떠남이 낫다. 이런 사람에겐 늘 남의 떡이 맛있고 더 커 보일 텐데 막상 남의 떡을 먹어 보면 과연 그럴까? 불만 많은 사람치고 일 잘하는 사람은 없다고 하는데 유념할만하다.

「블라인드」라는 직장인 익명 커뮤니티를 봐도 마찬가지다. 거기엔 통상적인 불만을 넘어 회사의 인사나 정책 등에 대해 건건이 악의와 조롱을 일삼는 사람들이 있다. 익명을 이용한 이들의 말도 안 되는 불만에 회사가 반응할 리 만무하며 반응해서도 안 된다. 그들이 회사 내에서 어떤 모습으로 살아가는지 궁금하다. 불만이 힘을 얻으려면 주변 동의를 얻을 수 있는 합리적인 문제 제기여야 한다.

젊은 꼰대 2 _ 적을 양산하는 무례형 꼰대

다음으로는 자기중심적 무례(無禮)형이다. 즉 상대방에 대한 예의가 없거나 친절함, 상냥함 또는 온유함이라곤 전혀 없는 사람들이다. 여기엔 예의가 없는 결례형, 주변을 의식하지 않는 싸이코형, 조롱이나 폭력성이 있는 인격 장애형 등 다양한 유형이 존재한다.

이 유형은 보통 상대방에 대한 의식과 배려 없이 지나치게 자기중심적인 사람들이 빠져들기 쉬운 꼰대의 길이다. 무례형 인간은 어떤 특정한 사람에게만 그런 것이 아니라 동기들이나 후배들, 나아가 가족들에게도 그렇다고 한다. 일종의 DNA다.

반대로 친절함과 좋은 매너는 삶을 성공으로 이끄는 중요한 요인이 된다. '말 한마디로 천 냥 빚을 갚는다'는 속담도, '똑똑함보다는 친절함이 더 낫다'는 탈무드의 격언도, '군자가 예절이 없으면 역적이 되고, 소인이 예절이 없으면 도적이 된다'는 명심보감의 얘기도 예의와 친절의 중요성을 설파한다. 좋은 매너와 친절함은 직장에서는 물론 직장 바깥의 교우 관계나 사회적 활동, 나아가 가정에서도 삶을 성공으로 인도하는 인격의 상징인 것이다.

연예인이나 운동선수 중 과거 학창시절 학교폭력에 연루되어 중도하차 하거나 이미지에 타격을 입는 사람이 있다. 잘 나가던 유명 배구선수 자매가 그랬고, 프로야구 드래프트에서 1순위로 거론되던 유망한 고교생이 과거 후배에게 폭력을 휘두른 사실이 밝혀져 어떤 구단도 그를 지명하지 않은 사례도 있다. 아무리 전문성이 있어도 인격적으로 기본이 안 되면 전문성마저 통하지 않음을 보여주는 사례이다.

이렇듯 철모를 때 한두 번의 가벼운 실수가 아니고 상대방에게 깊은 상처를 남길 정도로 심각했다면 나중에라도 그것은 화살이 되어 나에게 날아올 수 있다.

직장에서도 자신의 무례함으로 누군가에서 상처를 주거나 원성을 산다면 남모르게 복수를 꿈꾸는 동료나 선후배가 있을지 모르는 일이다. 무례하거나 상대를 배려하지 않는 행태가 누적되면 그 사람에겐 수많은 적이 만들어진다.

젊은 꼰대 3 _ 역꼰대 현상, 너나 잘하세요

저는 5년차 직장인데요. 월요일 날 신입사원이 새로 들어왔는데 아침에 출근할 때나 저녁에 퇴근할 때 한 번도 인사를 안 하더라구요. 첫날도 아니고 5일째인데 아직도 그러는 건 좀 아니다 싶어 다른 동료 선후배들한테도 물어봤더니 인사받은 기억이 없다고 하길래 좀 전에 조용히 불러서 인사하고 다니자고 얘기했어요. 근데 그 후배가 인사는 아무나 먼저 해도 되지 않냐, 죄송한데 너무 꼰대 같으시다고 얘기해서 말문이 막혔네요. 요즘은 인사 안 하는 신입한테 인사하라고 한마디 하면 꼰대인 건가요?

나무위키에 소개된 역꼰대 사례이다. 연장자의 의견이나 충고, 혹은 행동조차 꼰대가 하는 것이라며 무시하고 배척하거나 나아가 모든 연장자와 윗사람을 꼰대로 규정하고 소통 자체를 거부하는 행태를 보이기도 하는 소위 역꼰대 현상이 젊은 층에 있다고 한다.

특히 기본적인 예절이나 도덕적인 규범을 조언하는 것도 꼰대가 하는 짓이라며 비하하는 행태를 보이기도 한다는데 심한 경우 업무에 대한 선배의 조언조차 그냥 싫은 소리 한다고 꼰대로 몰아가는 경우가 있다.

이 때문에 선배나 연장자들이 위의 사례처럼 점차 충고나 조언을 꺼리게 되는데 이는 상호 갈등이나 불통으로 이어지기 쉽다. 이러한 역꼰대는 앞서 얘기한 무례형, 즉 선배뿐만 아니라 동료나 후배에게도 무례한 사람인 경우가 많아 높은 확률로 꼰대가 된다.

험난한 꼰대의 길

이 같은 세 가지 유형의 젊은 꼰대는 모두 상대를 불편하게 하고 소통을 못 한다는 공통점이 있다. 여기에다 취미 활동은 극성인데 일에는 별로 열성이 없는 사람, 일을 통해 성장하고자 하는 욕구가 희박하거나 멈춘 사람 등 직장생활에서 근간이 되는 '업(業)'에 영혼이 '일도 없는' 사람은 신종 꼰대라고 부르고 싶다.

툭하면 상사에게 꼰대질한다고 투덜대지만 정작 본인의 일에 프로 근성이 없다면, 업무에 최선을 다하지 않고 설렁설렁하고 있다면, 일터를 월급을 받는 곳으로만 인식하고 있다면 직장의 삶에 영혼이 있을 리 있나. 그러니 아무도 좋아하지 않고 인정하지 않는 사람, 불편한 사람, 마음 터놓고 대화하기 힘든 꼰대가 될 수밖에.

보통 꼰대는 나이 들어 생각이 고루해지면서 듣게 되는데 젊어서부터 꼰대라는 소리를 들으면 어떻겠는가. 당장 기분도 나쁘겠지만 직장에서 헤쳐나갈 앞길도 험난하지 않을 수 없다. 꼰대에게는 우군은 없고 적군만 득실거리기 때문이다. 직장이든, 사회든, 가정이든 우군 없이 온전할 리 없으며 성취와 전진은 더욱 불가능하다.

주변을 한번 살펴보자, 정녕 누가 꼰대인지. 구태의연한 기성세대 꼰대도 있을 것이고, 이들을 꼰대라고 비하하면서도 정작 자신의 꼰대적 모습을 보지 못하는 젊은 꼰대도 있을 것이다. 꼰대엔 세대 구분이 없다. MZ세대인 당신도 꼰대일 수 있다.

꼰대가 되지 않으려면 자신도 모르게 꼰대가 되어가는지 성찰하는 습관을 젊어서부터 들여야 한다. 특히 직장에서는 자기를 비춰주는 동료라는 거울을 통해 자신이 어떤 모습인지를 볼 수 있어야 한다. 남의 눈에 들어있는 조그만 티는 보면서 정작 자신의 눈에 있는 들보를 보지 못하고 깨닫지 못하면 되겠는가.

이렇듯 자기의 생각만이 옳다는 착각과 상대를 불편하게 하는 나쁜 습관에서 벗어나지 못하면 정녕 꼰대의 길을 가게 된다. 직장에서 꼰대의 길에 들어서면 개똥철학으로도 인정받지 못할 것이며, 조직에서 왕따가 됨은 물론 자칫하면 삶 전체가 나락으로 떨어질 수 있다. 그러니 젊은 꼰대, 잠 깨어오라. 태양같은 젊은 그대.

P.S. 정신과 의사인 정혜신 박사의 『당신이 옳다』라는 책을 보면 '충조평판' 날리지 말고 공감하라는 내용이 있다. '충조평판'은 충고, 조언, 평가, 판단을 줄여서 한 말인데 의외로 우리 일상 언어의 대부분이 '충조평판' 이라고 한다. 그런데 이는 상대방과 대화를 끊게 만드는 매우 안 좋은 습관이며 심리적으로 부정적 반응을 유발할 수 있다는 것이다. 이보다는 상황을 깊이 있게 이해하려 하는 공감 노력이 진정한 관계를 만드는 힘이라는 것이다.

「블라인드」에 비친 회사와 나

음료와 마카다미아넛츠(땅콩의 일종)를 서비스하던 승무원, DDA에게 혼이 남. 왜 음료와 마카다미아넛츠를 봉지째 주느냐? 규정이 뭐냐? 한참 질책을 받는 상황. 이를 본 사무장에게 DDA, 규정에 관해 질문(질타 어린). 죄송합니다, 잠시만 기다려 주십시오. DDY의 하사품인 갤럭시노트10.1을 꺼내 규정을 보여 줌(당연히 잘못 없는 객실승무원). 당황한 DDA, 무안한 상태에서 사무장을 향한 한 마디 "내려".

직장인 익명 앱 「블라인드」를 통해 처음 알려진 그 유명했던 대한항공 여객기 땅콩 회항의 고발성 글이다. 여기엔 내부 직원들에게만 통용되던 조현아 부사장과 조양호 회장을 칭하는 영문 약자가 쓰여 있어 신빙성을 더했다. 이글을 누군가가 개방형 공간에 퍼트리면서 언론에 대대적으로 보도되었다. 내용이 사실임이 밝혀지자 조현아 부사장은 경영에서 물러남은 물론 재판까지 받았다.「블라인드」가 본격적으로 유명해지는 계기가 된 사건이었다.

신입사원에게까지 희망퇴직을 강요해 논란이 됐던 두산인프라코어 역시「블라인드」가 진원지였다. 희망퇴직을 권고받은 20대 직원이 "너무한 것 아니냐, 하반기 공채 지원도 할 수 없는 시기"라며 푸념하듯 올린 글이 인터넷상에 퍼졌다. 파장이 커지자 박용만 회장이 직접 나서 "신입사원은 희망퇴직에서 제외한다"라고 밝히기도 했다.

카카오 '인사 평가 논란' 역시 시작은「블라인드」였다. 여기에 올라온 '유서' 형식의 글이 문제가 됐다. 카카오는 인사 평가를 할 때 직원들이 동료를 상대로 '이 사람과 함께 일하고 싶냐'는 답변을 받았는데, 답변 결과를 당사자에게 알려 압박과 스트레스를 준다는 내용이 담긴 글이었다. 해당 글을 계기로 카카오 인사 평가 제도에 대한 불만 글이 후속으로 올라왔고 논란은 더욱 커졌다. 결국, 카카오 측은 인사제도 관련 간담회를 열어 직원들의 의견을 수렴했다.

> "너희들이 암만 열폭해도 난 열심히 차명으로 투기하면서 정년까
> 지 꿀 빨면서 다니련다."
> "꼬우면 너희들도 우리 회사로 이직하든가."

개발 예정지에 대한 LH 직원들의 땅 투기로 전국이 들썩일 무렵, 「블라인드」에 올라왔던 LH 직원의 글이다. 이 글이 알려지자 국민 대다수의 공분을 샀고 특히 취업을 준비하거나 다른 직장에 다니는 20, 30대의 젊은 사람들에겐 더 큰 분노를 유발했다. 「블라인드」에 올린 철없는 직원의 글 하나가 LH를 곤궁에 빠트림은 물론 전국적인 평지풍파를 일으킨 것이다.

「블라인드」, 다양한 정보공유의 장

직장인 익명 앱 「블라인드」는 위와 같은 고발성 글로 유명하지만, 실제는 이런 글 외에 더 다양한 글이 올라온다. 거기를 들여다보면 상호 정보획득과 공유를 위한 글, 회사에 대한 다양한 이야기와 불만, 신변 잡담 등이 주류를 이룬다. 신분이 노

출될 위험이 없는 익명이다 보니 부담 없이 다양하게 올리는 것이다.

인터넷 카페처럼 다른 사람의 의견을 구하거나 정보를 구하는 내용이나 잡담성 글도 상당수 있다. 토픽별로 분류된 「블라인드」 토픽 주간 베스트에 올라온 글을 몇 개만 소개해 보자.

"집 때문에 혼인신고 미뤘는데 아이가 생겼어."
"결혼할 때 친구들 보통 몇 명 정도 와?"
"차 소모품 비용 원래 이렇게 비싼가요?"
"서브웨이 비밀의 최애 주문 레시피 공유합시다."

「블라인드」에 올라오는 글은 이와 더불어 업계 정보공유를 위한 글이 주류를 이룬다. 대표적인 것이 전·현직 직원들이 평가한 회사 리뷰다. 거기엔 커리어 향상, 업무와 삶의 균형, 급여 및 복지, 사내 문화, 경영진 등 다섯 항목에 대한 평가와 함께 장단점이 나오는데, 직원들이 일하며 느낀 내용을 담고 있다. 대표적인 예를 보자

"쉬는 날이 없지만 그만큼 페이로도 불가능" - 대기업

"모든 면에서 무난하나 비전 없는 회사" – 중견기업

"워라밸만 보장되고 일이 재미없는 회사" – 공기업

"배울 점은 많지만 워라밸은 기대하기 힘든 회사" – 전문업종 기업

또 누군가 그 회사에 대해 궁금한 내용을 올리면 관련된 사람이 이에 대한 답변을 해주어서 업계 간 정보공유에 도움이 된다. 직군별로 정보를 서로 교류하기도 하며, 신입이나 경력 등 채용정보 사이트의 역할도 한다.

「블라인드」는 이처럼 직장인들 간 관심 있는 정보를 얻거나 교류하는 앱으로서의 역할이 대표적인데, 이러한 사용 행태는 한국노동연구원이 2021년 5월부터 7월까지 「블라인드」 사용자 2,289명에 대해 설문 조사한 결과에서도 나타난다. 이 조사에 따르면 「블라인드」를 사용하는 이유로 '우리 회사 또는 업계 정보를 확인하기 위해 사용한다'는 응답이 3.86점(5점 만점에 보통 응답은 3점임)으로 다른 응답보다 가장 높게 나타났다.

그럼에도 불구하고 「블라인드」에 올라온 글이 간혹 외부에서 화제가 되는 것은 앞서 예와 같은 고발이나 불만의 내용이 사회적 의제를 담아 휘발성을 갖기 때문이다. 그래서 기업에서는

「블라인드」 글 중 그러한 내용이 있는지를 살피는 경우가 많다.

대기업에서 홍보를 담당하는 모 임원은 "「블라인드」에 올라온 글이 외부로 유출돼 회사 이미지에 악영향을 미치는 사례가 생기면서 게시글과 댓글을 챙겨보기 시작했다"며, "직원들에겐 자유롭게 말할 수 있는 자유가 있지만 사소한 뒷담화에 기업이 지불하는 비용이 너무 큰 것도 사실"이라고 토로했다.

이처럼 기업이 「블라인드」를 관리하기 시작하면서 '「블라인드」 효과'라는 말도 생겨났다. 「블라인드」에 글을 올리면 바뀐다는 얘기다. 「블라인드」 정영준 前 대표는 "지인들로부터 「블라인드」에 불만을 올린 지 얼마 안 돼 문제가 개선됐다는 이야기를 종종 듣는다"며 "기업 측이 「블라인드」에 올라온 직원 여론을 살펴 반영하는 것 같다"고 말한다.

한편, 「블라인드」가 소통이 잘 되지 않는 권위적인 기업문화의 또 다른 얼굴이란 얘기가 있다. 문화평론가 강태규씨는 "상명하복식 문화 때문에 기업 내에서는 아래에서 위로의 의사소통이 잘 되지 않는다"며 "그렇다 보니 사내 의사소통으로 문제를 해결하기보다 이런 식의 뒷담화로 풀려는 것"이라고 말했다.

한국노동연구원 설문 조사를 보면 회사에 의견을 제시하거나 문제를 제기할 때 어떤 채널을 활용할지를 묻는 설문에 '상사 면담'(31.1%)과 「블라인드」(30.2%)가 비슷하게 나타났고, 이어 '팀미팅'(15.3%), '노조'(11.1%) 순이었는데, 소통에 어려움을 겪는 권위적인 회사일수록 「블라인드」같은 익명 앱에 기대려는 비율이 높을 것으로 추정할 수 있다.

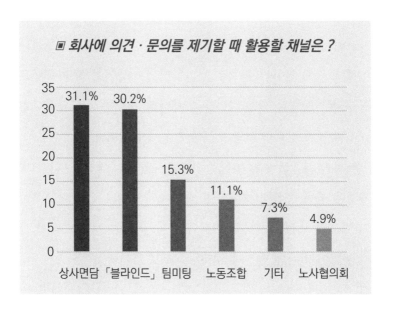

▣ 회사에 의견·문의를 제기할 때 활용할 채널은?

「블라인드」에 올라오는 다양한 글 중 단연 관심을 끄는 것은 경영진이나 회사의 불법적인 정책에 대한 고발성 내용이다. 앞서 대한항공이나 두산중공업, 카카오가 그랬듯이 「블라인드」는 회사나 경영진의 잘못을 내부의 채널을 통해 발신할 수 없을 때 직원들이 찾게 되는 대표적인 채널이 되었다.

이제는 직원들의 이익이나 인권을 침해·억압하는 회사나 경영진의 비도덕적 행위를 회사라는 울타리에만 담아두기가 어려운 시대이다. 「블라인드」를 비롯한 SNS라는 다양한 채널들이 바로 대기하고 있어 기업의 모든 경영 상황은 오픈된다고 봐야 한다.

그래서 직원에게 막말을 일삼는 경영진이 있거나 직원들의 이해에 크게 반하는 정책을 무리하게 밀어붙이려 하면 외부로 공개되는 상황을 맞을 수 있다. 내용상 떳떳하고 당당하다면 걱정할 것이 없으나 그렇지 못한 경우가 문제이다.

그래서 직원들에게 영향을 미치는 결정일수록 내부의 적정 채널을 통해 충분히 소통하여 직원들의 이해나 정보가 부족하지 않도록 세심히 유념할 필요가 있다. 이것이 제대로 되지 않아 불만이 커지면 내부의 상황은 외부로 공개될 수 있다.

회사가 반응하지 않는 불만의 글

관심을 끄는 또 하나의 유형은 단순 불만성 글이다. 연봉이나 복지, 조직, 사람, 환경, 제도 등에 대해 가질 수 있는 불만을 여과 없이 투척하는 것이다. '연봉이 적다', '상사가 무엇을 하는지 모르겠다', '야근이 너무 많다', '이번 성과급은 왜 적은 거야', '주니어들 갉아서 매출 올린다' 등 다양한 형태다. 회사의 공식 채널로 얘기하기 어려운 내용이 주류를 이루는데, 이런 불만은 조그만 규모의 회사부터 글로벌 일류 기업에 이르기까지 거의 모든 회사에서 다양한 형태로 나타난다.

단적인 예는 삼성전자에 다니면 불만이 별로 없을 것 같지만 전혀 그렇지 않다는 사실이다. 아무리 좋은 회사라도 직원들이 원하는 것을 모두 충족시킬 수는 없다. 예컨대 연봉이 높은데 워라밸도 보장되며, 일도 재미있고 사람들도 다 좋은 그런 회사는 존재하지 않는다. 글로벌 최고 기업인 애플도 쉴새 없이 일하기로 소문난 회사이다. 그럼에도 사람들은 항상 더 나은 것에 대한 로망이 있고 남의 떡을 더 크게 보는 경향이 있기에 「블라인드」를 통해 불만도 얘기하고 뭔가를 요구하는 것이다.

이런 불만 글에는 내용상 합리적 틀을 가지고 있어 경청할 만한 내용도 있고 또 그렇지 않은 내용도 있다. 글을 쓴 이들이 회사의 관계자 누군가가 내용을 보고 개선을 해주면 좋겠다는 소망으로 올린 글이 있기도 하고 그냥 푸념 형태로 올리는 글도 있다.

그런데 생각해보자. 「블라인드」가 회사의 공식 커뮤니케이션 채널이 아닌데 회사가 이 내용을 토대로 뭔가를 할 수는 없다. 앞서 대한항공, 카카오, 두산중공업 등의 고발성 글처럼 당연히 대처해야 하는 내용도 있지만, 단순 불만이나 푸념에 대해서는 공식 대응하지 않는다. 「블라인드」에 대응하면 할수록 직원들이 내부 채널이 아닌 「블라인드」를 적극적으로 활용할 것이기 때문이다. 회사는 내부 채널을 중시할 필요가 있다.

「블라인드」가 요즘처럼 활성화되기 이전에는 「잡플래닛」이란 회사 평가 사이트가 이런 역할을 했다. 그때 G사의 CEO는 「잡플래닛」에 올라온 직원들의 다양한 불만과 평점을 보고 충격을 받았는지 불만 중 몇 가지를 해소하기 위한 정책을 펴기 시작했다. 그러자 G사의 직원들은 더욱 다양한 불만을 거기에 토로하기 시작했고, G사는 결국 대응을 멈추게 되었다. 내부에서 소통을 통해 해결하는 것이 더 중요함을 깨달은 것이다.

그렇지만 반복적으로 비슷한 사유로 올라오는 직원들의 불만에 대해서는 유념할 필요가 있다. 그것은 어쩌면 고질적인 문제일 텐데 「블라인드」가 아니더라도 이미 사내 여러 채널을 통해 불만이 표출되었을 가능성이 있다. 그런 문제를 안고 직원들의 인내를 기대하거나 모른 체하며 가다가는 더 큰 불만에 봉착하는 상황에 맞닥뜨릴 수 있다. 그것은 적극적으로 해결해야 할 문제인 것이다.

프로불만러가 되어서는 안 되는 이유

「블라인드」 이용자 중에는 수시로 불만을 표시하는 소위 '프로불만러'들도 존재한다고 한다. 이들은 회사에 주요 현안이 있을 때마다 불만은 물론이고 비꼬거나 냉소적으로 반응하면서 보는 이들의 눈살을 찌푸리게 하는 것이다. 내용을 보면 자기 일에 대한 자부심이 없고 직무에 충실하지 못한 채 분위기만 흐리게 하는 것들이 많다.

직무만족도가 낮을수록 「블라인드」에 대한 사용 만족도가 높다는 한국노동연구원의 조사결과가 이를 대변한다. 이는 회사에서 자기 직무에 불만인 사람이 「블라인드」에서 상대적인 만족감을 얻는다는 뜻인데 본말이 전도되어서는 직장생활이 온전할 리 없다.

업무에 집중하지 못하고 자부심도 없는 사람이 「블라인드」라는 익명 뒤에 숨어 합리적 논거를 갖지 못한 채 번번이 회사에

트집 잡거나 불만을 제기하면서 동조를 구한다면 이는 루저 직장인으로 가는 길이다. 그러한 '프로불만러'의 불만질은 회사생활 등 일상생활에서도 드러나기 마련이어서 어디서든 환영받기 어렵다.

불만을 업고 살기보다는 '업(業)'의 본질에 집중해 자신의 능력을 키우고 품성을 다듬어가는 것이 우선이다.

Chapter 4

어려운 상황
대처법

고요
Oil on canvas, 90.9 x 60.6, 2021

상사로 인해 힘들 때

'상사 폭언에 숨 막힐 것 같아… 공무원 꿈까지 접어'. 최근에 보도된 기사의 헤드라인이다. 기사를 보면 피해자는 신분이 보장된 공무원임에도 불구하고 상사의 온갖 폭언과 갑질을 견디지 못해 사표를 제출했다고 한다. 상사로 인한 스트레스는 민간 기업이나 공무원의 세계나 다를 바 없는 것 같다.

직장이 힘든 것은 일이 힘들어서가 아니라 위의 예처럼 나를 힘들게 하는 사람이 있기 때문인 경우가 많은데 그 사람이 다름 아닌 나의 상사라면 어떻게 해야 할까?

취업포털 「인크루트」가 2019년 7월부터 시행된 '직장 내 괴롭힘 방지법'을 앞두고 직장인 1,206명을 대상으로 진행한 설문조사에 따르면 직장인 64.3%가 '직장 내 괴롭힘을 당한 경험이 있다'고 응답했으며, 괴롭힘이나 갑질을 일삼은 상대방으로는 절반 이상이 '직속 상사, 사수, 팀장'이라고 응답했다. 또한, 퇴사 경험자에게 퇴사한 결정적인 이유를 물은 결과 21%가 '상사의 갑질'을 선택해 제시한 항목 중 가장 높은 비율을 보였다.

898명을 대상으로 한 「인크루트」의 다른 조사에서도 '갑질 상사와 일한 경험이 있다'고 응답한 비율은 무려 97%에 달했다. 이처럼 직장에서 상사와의 관계는 누구에게나 특별할 수밖

에 없다.

꼭 갑질하는 상사가 아니더라도 대하기 어려운 상사를 만나면 일이 즐겁지 않을뿐더러 직장생활이 고단해진다. 직장에서 상사 복은 배우자 복만큼이나 중요한데 배우자와는 달리 상사는 동등한 관계가 아니어서 대응하기 어렵고 또 피할 방법도 마땅치 않다. 출근하기 싫어도 해야 하며 만나기 싫어도 만나야 하는 이 숙명적인 관계 속에서 나를 힘들게 하는 상사가 있다면 어떻게 대응해야 할까?

직원을 힘들게 하는 상사들

먼저 직원들을 힘들게 하는 상사의 대표적인 유형을 보자.

첫째는 막말하는 상사이다. 이들은 대개 거칠고 모난 성격으로 폭언과 갑질을 몸에 달고 산다. 서두에 제시한 공무원의 예처럼 언어폭력으로 인격적 모욕을 주기도 한다. 이 같은 상사와는 누구도 함께 일하기 힘들며 만남 자체가 불운이다.

두 번째는 독재자 유형이다. 자신의 판단과 결정이 늘 옳다고 생각하여 지시대로 무조건 따르라는 상사로 이견을 잘 용납하지 않는다. 직원들은 혹여 상사의 지침이나 의중을 제대로 이행하지 못해 혼날까 전전긍긍이다. 상사의 마음에 들지 않으면 어떻게든 제재를 받기 때문이다. 순종과 이행만 원하는 독재자와 동거하기란 사나운 시어머니 아래 며느리 입장과 같다.

세 번째는 과하게 많은 근무 시간이나 일을 강요하는 일명 '멍부(멍청하고 부지런한)' 스타일의 상사이다. 이들은 본질을 벗어난 부가가치가 적은 일에 시간을 과다하게 투입하는 경향이 있다. 정시퇴근은 쉽지 않고 야근과 주말 근무를 수시로 해야 한다. 이것저것 시키는 상사로부터 업무적으로 배울 것도 별로 없다.

네 번째는 일하는 과정에서 갖가지로 힘들게 하는 상사이다. 어떤 것이든 마음에 들어 하지 않고 거듭된 잔소리로 질책하는 유형이다. 꼬투리를 잡는데 능하고 매사 까탈스러워 대응하기 힘들다. 그러면서 부하를 챙기기보다는 자신의 입신양명에만 관심이 있어 위로는 심하게 눈치를 본다.

이외에도 직원들을 힘들게 하는 다양한 유형의 상사가 있다. 공적은 가로채고 책임은 부하직원에게 돌리는 상사, 자신의 무능함을 감추려고 직원들을 닦달하는 상사, 호흡이 맞지 않는 직원을 집요하게 괴롭히는 상사, 비도덕적이거나 불법적인 일을 강요하는 상사, 사적인 일로 얽매게 하는 상사, 이런 유형들을 복합적으로 가지고 있는 상사 등 직원들이 힘들어하는 상사의 유형은 실로 다양하다.

반대로 부하직원들이 선호하는 직장 상사의 모습을 「인크루트」의 조사에서 보면 '효율적으로 업무를 추진하는 스타일'(24%)이 가장 많이 꼽혔고, 그다음으로는 '팀원과의 수평적 소통 관계를 이끄는 모습'(21%), '칭찬과 격려를 아끼지 않는 모습'(15%), '공사의 구분이 확실한 모습'(15%), '경청하는 태도를 보이는 모습'(14%) 순이었다. 이 결과를 보면 무엇보다도 '소통'이 일하기 좋은 상사와 그렇지 않은 상사를 나누는 기준이 됨을 알 수 있다.

상사에 현명하게 대처하기

그렇다면 나를 힘들게 하는 상사와 함께 일할 때 어떻게 대처하는 것이 현명한 것일까?

첫 번째 유형처럼 성격이 온전치 않은 상사에게 오랫동안 모욕을 참으며 일할 수 있을까? 성인군자라도 참기가 쉽지 않을뿐더러 이를 참다가는 속병이 나고 갈수록 정신이 피폐해질 수 있다.

그러므로 용기를 내어 어느 시점에 상사에게 자신의 의견을 얘기하여 폭언에 제동을 걸어야 한다. 그것도 직원들이 함께한 공식적인 자리에서 "팀장님의 폭언을 더 이상 견디기 힘듭니다. 욕설이나 인격 모독 발언, 이제 그만하면 좋겠습니다"라고 단호하게 얘기하는 것이다.

갑작스런 이런 대응은 순간 상사를 당황하게 할 가능성이 있다. 그러나 이런 상사는 대체로 약자에 강하고 강자에 약하므로 이렇듯 강한 브레이크는 상사에게 쉼표를 찍어줄 수 있다. '상사와 갈등이 더 커지지 않을까' 하는 우려도 있겠지만 그렇게 하지 않으면 그것을 계속 견디는 방법밖에 없다. 그러므로 가만히 있는 것보다는 훨씬 나으며 의외의 효과가 있다.

그러고도 해결이 되지 않는다면 회사에 공식적인 판단을 구해보는 것이 좋다. 이미 그 정도면 주변 평판이 좋지 않을 것이므로 해결이 빨리 될 수 있다. 이것도 일종의 경영 혁신이다. 두려워 말고 용기를 가지고 상황을 바꿔나가야 한다.

문제는 독재적이거나 지나치게 과다한 근무를 요구하는 상사, 또는 늘 꼬투리를 잡아 질책만 하는 상사 등 위에서 예를

든 나머지 사례에 해당하는 상사에 대한 대응이다. 이들은 첫 번째 사례처럼 명백하게 폭언하거나 인격을 모독하는 것은 아닌데 평범치 않은 괴상함이 있어 같이 일하기가 쉽지 않다. 이런 유형은 의외로 주변에 적잖게 존재한다. 즉, 언제라도 만날 수 있는 상사이기에 지혜로운 대처가 필요하다.

만약 이런 상사에게 질책을 받거나 불편한 얘기를 듣는다면 그 자리에서 즉각 뭔가를 얘기하며 대응하기보다는 우선 상사의 얘기를 있는 그대로 받아들이는 것이 좋다. 논리적 근거와 여러 이유를 대며 자신의 얘기를 하려는 사람을 상사는 잘 받아들이지 않을 것이며 오히려 더욱 압박할 가능성이 크다. 일단은 수용하는 자세가 현명하다.

그러고서 시간을 갖고 상사의 요구나 질책에 문제가 있는지, 아니면 자신에게 문제가 있는지 차분히 살펴봐야 한다. 간혹 상사의 입장에서 나를 바라보면 달라지는 것이 있다. 야근을 놓고 봐도 그렇다. 상사는 야근해야 하는 상황으로 판단하는데 자신은 그렇게 보지 않을 수 있다. 필자도 직원을 닦달하는 사람을 경멸하지만, 중요한 일을 목적에 둔 상황에서 긴장감 없이 너무 쉽게 대응하는 직원을 보면서 속에서 열불이 난 경험이 있다. 상사와 부하의 관점이 다를 수 있는 것이다.

그럼에도 상사의 얘기에 심각한 결함이 있거나 이를 수용하기 힘들다고 생각되면 조용히 찾아가 일대일로 자신의 의견을 얘기한다. 앞서 폭언하는 상사에 공식적으로 대응하는 것과는 달리 이 경우엔 둘이서만 얘기하는 것이 좋다.

단 상사에게 그러한 얘기를 할 때는 최대한 정중하면서도 겸손한 태도여야 한다. 상사가 나의 얘기를 수용할 수도 있고 안 할 수도 있지만 정중하게 자신의 의견을 얘기하는 것만으로도 추후 상황을 호전시키는 쪽으로 작용할 가능성이 크다. 직접 얘기하여 풀어가는 것이 상호 이해에 도움이 된다.

원인은 나에게도 있다

마지막으로 직장에서 상사로 인해 힘들 때, 그 원인이 상사에게 있는지 나에게 있는지를 살펴봐야 한다. 관점을 달리하여 생각해보면 상사에게서 비롯된 문제와 함께 나에게 있는 문제도 발견할 수 있을 것이다. 그것은 대체로 내가 맡은 일과 태도와 관련된 것이다. 이렇듯 상사로 인해 힘들 때 이를 나를 다듬어가는 계기로 삼는 것도 극복 방법의 하나이다.

그런데 아무리 해도 상사로 인한 어려움을 감내하기 어렵다면 뭔가를 행동하기에 앞서 나의 내면을 침잠시키는 시간을 가져볼 것을 권유한다. 고요한 공간에서 마음을 다스리는 시간을 가짐으로써 평온을 찾아야 한다. 그 평온에서 힘을 얻고 시련을 넘어 성장과 승리의 길에 접어들어야 한다.

미국의 직장문화 전문가인 린 테일러의 『철없는 상사 길들이기』에서는 '우리를 괴롭히고 힘들게 하는 상사'를 TOT로 표현한다. '끔찍한(Terrible) 사무실(Office) 폭군(Tyrant)'이라는 단어의 첫머리를 딴 것이다. TOT는 나의 직장에만 존재하는 것이 아니고 어느 직장에서나 볼 수 있다고 한다. 따라서 저자는 "TOT라고 무시하거나 두려워하거나 회사를 그만두지 말고 그들의 속성을 이해하고 길들이는 것을 통해 만족하는 회사 생활을 즐겨라"라고 말한다.

공자는 나쁜 사람도 반면교사로 삼으면 나의 스승이 된다고 하였는데, 린 테일러가 "당신도 TOT가 될 수 있다"라고 한 경고를 새길 필요가 있다. 나부터 직원들을 살뜰히 살피는 상사가 되고, 힘들게 하는 상사로부터 나의 업무역량을 높이고 나를 다듬어갈 기회를 얻자.

승진에서 탈락한 뒤

'침대에 누웠는데 쉬이 잠이 오지 않았다. 곧 잠들겠거니 했는데 시간이 지나도 여전히 잠은 오지 않았다. 온갖 생각이 머릿속을 맴돌았고 거기에 빠져 허우적거리다 새벽을 맞이했다. 내내 심장은 거칠게 뛰었고 밤새 그 심장박동 소리에 짓눌려 있었다.'

필자가 임원승진 인사에서 탈락한 날, 한숨도 못 자고 뜬눈으로 밤을 새운 기억이다. 회사에선 괜찮은 척, 의연한 척했어도 집에서까지 쿵쾅거리는 심장을 제어하기는 어려웠다.

'회사 게시판엔 3급(대리) 승진자 명단이 게시됐다. 같은 해에 입사한 13명의 동기 중 7명이 승진하였고 6명은 승진 명단에 없었다. 필자의 이름도 없었다. 입사일 순으로 정한 승진이었다. 오래전이었지만 직장생활 첫 번째 승진 탈락은 그렇게 허무했다. 과장과 선임사원의 위로가 귀에 들어오지 않았다.'

필자가 직장생활을 하면서 맞이한 임원 승진과 첫 승진에서 탈락한 날들의 스케치다. 아무렇지 않은 척하려 했지만 밀려오는 좌절감과 우울함은 말로 표현하기 어려웠다. 그 어떤 위로도 와닿지 않았다. 다 이유가 있는 탈락이었지만 그날만큼은 받아들이기 어려웠다. 아마도 승진에 대한 기대가 컸기 때문이리라.

그러나 우울함은 오래가지 않았다. 시간이 지나면서 언제 그랬냐는 듯 예전 일상으로 돌아왔다. 그렇게 자연스러움을 회복하였고 여느 날과 다름없이 똑같이 일했으며 그다음 해 아무 일 없었다는 듯 승진하게 되었다. 만약 잠시 들었던 우울과 분노를 너무 오래 가지고 있었다거나, 그것이 다른 행동을 촉발했다면 직장생활의 그다음 스텝은 꼬였을 것이다.

승진에서 탈락은 '잠시 멈춤'

살다가 만나게 되는 행복과 불행은 늘 교차하며 일어난다. 어느 한 방면으로만 작동되는 것이 아니라 오르막이 있으면 내리막이 있듯, 고통의 순간이 지나면 또 희열의 순간을 만나듯, 직장에서의 삶도 맑은 날과 흐린 날이 늘 교차한다. '승진과 탈락'은 그 중심에 있다. 이는 누구에게나 있을 수 있는 경험이고 과정이다.

인사철, 승진자가 있으면 반드시 탈락자도 있기 마련이다. 단적인 예가 임원들이다. 연말 그룹별 임원 인사 시즌에 승진자가 50명이면 퇴임자도 50명 정도 되는 것으로 봐야 한다. 직원들도 마찬가지다. 승진율이 60%라면 12명의 승진자와 함께 리스트에 없는 승진 탈락자는 8명이다.

여러 번의 승진 단계에서 누락 없이 매번 단번에 승진할 수 있다면 얼마나 좋겠냐만, 그런 사람은 많지 않다. 누구에게나 한두 번쯤 승진이 지체될 수 있다. 그러므로 승진 탈락도 직장에서 앞을 향해 나아가는 하나의 과정으로 받아들여야 한다. 승진 탈락은 누구에게나 가슴 아픈 일이지만 이는 잠깐의 멈춤이지 인생에서 커다란 실패가 아니다. 오히려 몸에 좋은 약이 될 수 있다. 아픔과 좌절도 있지만 스스로 되돌아보며 전의를 불태우는 계기가 된다.

　대학 진학에 실패하여 재수하는 사람을 보자. 입시에 떨어져 재수를 결심할 당시에는 착잡하고 마음이 아프겠지만 세월이 흐른 뒤 재수했다는 사실은 아무 일도 아니다. 일 년 늦는다고 인생에 불이익으로 작용하는 것도 아니며, 오히려 쓴맛과 시련을 겪은 경험이 플러스로 작용한다. 우리 주변에 1/3쯤은 재수의 경험이 있는 보통의 일반인이다.
　어떤 회사도 모두를 승진시킬 수 없고 승진시켜서도 안 된다. 승진 관련 인사제도는 직장에서 중요한 동기부여의 수단임과 동시에 저성과자를 거르는 강력하고 유효한 수단이기 때문이다. 필자는 여러 해 임원으로 재직하며 승진심사에 참여한 바 있는데 다음은 그 경험의 일부다.

　승진심사에 앞서 우선 정하는 것이 승진율이다. 회사는 그해 실적에 따라 적정 승진율을 제시하는데 직급별로 승진율을 달리하기도 한다. 승진심사에선 개인별 인사평가 자료가 승진 여부를 판단하는 기초자료가 된다. 인사평가는 보통 역량평가와 실적평가로 구분된다. 역량평가는 개인의 태도와 능력에 대한 정성평가이며, 실적평가는 개인이 소속된 부서를 중심으로 한 계량 평가이다.

이러한 평가를 기초로 직급별 승진서열을 만든다. 이것이 승진 결정에 가장 중요한 기준이 된다. 그런데 승진 여부는 반드시 인사평가 순으로 획일적으로 결정되는 것은 아니다. 개인별 정성적 이슈가 있다면 이를 별도로 논의한다. 대개는 인사평가표가 기준이지만 간혹 인사에 영향을 줄 만한 특별한 이슈가 있으면 그것이 중요한 결정요인이 되기도 한다. 예컨대 그해 커다란 공적을 세운 사람은 특별 승진이 되기도 하며, 반대로 승진예정자라도 불미스러운 일이 있었거나 승진에 불리한 이슈가 있다면 탈락하기도 한다.

이런 과정을 거치다 보면 운 좋게 승진의 기회를 잘 잡는 사람이 나오기도 하고, 꽤 괜찮은 직원 중에 부서의 실적 영향으로 탈락의 아픔을 겪는 이도 있다.

그렇지만 직장에선 반드시 승진 순으로 앞날의 운명이 정해지지 않는다. 직장생활의 많은 사례가 이를 증명한다. 우리 주변엔 승진 누락 없이 빨리 간 사람 중 목표 단계까지 올라가지 못하고 일찌감치 내려온 사람들이 있고, 그 반대 사례도 많다.

승진이 한 템포 늦어진다고 하여 절망할 것이 아니다. 탈락의 아픔을 겪은 사람이 때론 더 멀리 더 높이 간다.

성공 기준을 다르게 설정하라

승진 탈락이 가슴 아픈 이유는 승진에 대한 기대가 크기 때문이다. 기대감이 클수록 실망과 좌절은 비례해서 커진다. 반대로 정황상 별 기대를 하지 않는다면 그만큼 충격은 크지 않다. 또 첫 승진이나 임원승진 같은 경우도 탈락이 주는 아픔과 충격은 다른 직급과는 사뭇 다를 것이다.

승진 탈락은 그 자체로 아픔이지만 어떻게 보면 상대적으로 누군가 승진한 사람이 있기에 스스로 더욱 초라하게 느껴질 수 있다. 그러나 직장이라는 공동체에서 이러한 마음을 드러내거나 오래 간직할수록 마이너스일 뿐이다. 좌절감과 초라함을 빨리 극복해야 한다. 그러기 위해서는 그 상황을 어떻게 받아들이고 어떻게 마음먹느냐가 중요하다. 그것은 직장생활뿐만 아니라 인생 전체를 위해서다.

예를 들어보자. 필자의 지인 중에 대기업에 다니는 B부장이 있었는데 현장에서 탁월한 능력을 발휘하여 3년 연속 전국 지점에서 최고의 성과를 냈다. 그런데 B부장은 4년 연속 임원승진에서 탈락하였다. 더 이상 임원승진 후보가 될 수 없었던 B부장은 명예퇴직이란 이름으로 자의 반 타의 반 회사를 떠났다.

B부장은 마지막 차수의 승진에서 탈락이 확정된 후 필자와 술을 한잔 나눌 기회가 있었는데 "좋은 실적을 내기 위해 정말 물불 안 가리고 뛰었는데 이놈의 회사는 나의 그런 노력을 전혀 알아주지 않는다"라며 울분을 토해냈다. 직장생활 이제 끝이라며 분통을 터뜨리며 좌절하던 모습이 지금도 눈에 선하다. B부장은 실적을 내기 위해 직원들을 재촉했는데 다면 평가결과 이러한 점이 부정적인 인사 이슈로 작용했다고 한다.

B부장은 명예퇴직 후 직장에서의 경험을 바탕으로 조그만 회사를 창업했다. 영업을 통한 실적 창출에 자신이 있었던 B부장은 절치부심 노력하여 창업한 회사를 조기에 안착시켰다. 지금은 꽤 괜찮은 중소기업의 CEO로 커나가고 있다. 직원들 사기와 동기부여에 특별히 유념하고 있음은 물론이다.

다음은 차장승진에 네 번이나 탈락한 어느 워킹맘의 고백을 들어보자.

나는 차장승진에서 네 번이나 탈락했다. 승진 탈락이야 있을 수 있지만 네 번이나 탈락한 것은 임신과 출산으로 인한 휴직 때문이었다. 한두 번은 그렇다 쳐도 네 번 연속 탈락한 것은 억울한 일이었다. 마지막 4번째 탈락한 뒤에는 퇴직을 심각하게 고민했다. 야근에다 주말 근무 등 육아에 소홀하면서까지 일했는데 탈락한 것이었기 때문이다. 아이에게 엄마 노릇도 제대로 못 하면서 이게 뭐하는 짓인가 하는 미안함과 함께 분노가 일었다.

그리고 시간이 꽤 흘렀지만, 나는 여전히 워킹맘이다. 그때 사표를 내지 않은 것이 다행이라는 생각이 든다. 이후 차장승진을 했는데 승진해보니 별 것 없었다. 일이 바뀐 것도 아니고 월급이 많이 오른 것도 아니며 호칭만 바뀌었을 뿐인데 아등바등했다. 돌이켜보니 직장생활 초에는 높이 올라가는 것을 성공이라고 생각했는데 어쩌면 멀리 가는 것이 성공일 수 있겠다는 생각이 든다. 차장승진에서 탈락했을 때 상사가 해준 말이 생각난다.

"지금 승진 탈락했다고 억울해하거나 자책하지 마. 속도만 다를 뿐 어차피 부장되면 다 부장으로 만나게 되어 있어. 산 정상에서 모두 만나듯이 부장에서 만나는 거지."

농담으로 들렸던 그 말이 지금 보니 그렇다. 나이가 들어보니 대부분 같은 직급에서 만난다는 사실을 알게 됐다. 나에게 어떤 성공의 기준이 있느냐에 따라 직장생활은 달라지는 것 같다. 승진, 살아보니 조금 느리게 가도 괜찮다.

둘 다 승진에서 네 번씩이나 좌절을 맛본 경우다. B부장은 네트워킹과 영업력이라는 본인의 장점을 내세워 창업을 했고 성공한 중소기업 CEO로 가고 있다. 임원승진에 목을 매 직원을 쪼았던 과거와 완전히 다른 모습이다. 워킹맘은 승진 실패의 경험을 통해 좌절을 맛봤지만, 인생의 경험이 더 쌓이면서 직장생활에 대한 목표를 바꾸어 즐겁게 생활하고 있다. 성공에 대한 기준을 달리 설정하고 세상에 보여주고픈 자신의 그럴싸한 이미지라는 굴레에서 벗어나니 자유로워진 것이다.

직장에서 승진에서 밀렸다는 것, 그것만큼 우울하고 슬픈 일이 없겠지만, 빨리 툴툴 털고 일어나 이러한 경험이 다른 동기부여를 갖는 동력이 되게끔 마음을 다스려야 한다. 누군가 그러지 않았던가. '실패란 넘어지는 것이 아니라 넘어진 자리에 머무는 것'이라고.

퇴사와 이직 사이

'이곳에 나의 미래를 걸 수 있을까?' 과장, 부장을 거쳐 임원이 되어 직장에서 성공하고 싶은데 선배들의 행로를 보니 앞날이 밝지만은 않아 보였다. 잘해야 50대 초반대 나이에 부장 선에서 마무리하는 직장생활이었다. 무엇보다도 하고 싶은 새로운 '업(業)'에 대한 욕구가 생겼는데, 그러려면 회사를 옮겨야 했다. 직장생활의 어느 순간, 지금 가는 이 길이 맞는지 고민스러웠다.

필자가 다니던 첫 직장을 그만둘까 고민하던 때의 스케치다. 수년간이나 다니던 첫 직장을 그만둔다는 것은 개인의 역사에서 실로 엄청난 일이다. 그만큼 고뇌가 컸고 번민을 많이 했다. 미래를 위해 변화와 도전이 필요하다고 생각했지만, 새로운 곳으로의 이직 결심은 쉽지 않았다. 또 이직에 따르는 리스크가 어느 정도인지도 가늠하기 어려웠다. 전문적인 직업군으로 이직해야겠다는 생각으로 알아본 회사는 조그만 회사였다.

그렇지만 과감한 결단을 했다. 대기업이라는 유명세와 안정성보다는 전문가의 길로 가고 싶은 욕구가 컸기 때문이다. 큰 기업은 폭넓게 경험할 수 있어 다양한 시각을 갖출 수 있는 장점이 있는 반면에 특정 분야에서 깊이 있는 전문성을 쌓기는 어려웠다.

필자의 경우는 당시 사내에서 시장조사업무를 맡아 일하면서 이 일의 전문성을 제대로 갖추고 싶었다. 이직할 회사는 규모는 작을지라도 해당 사업영역에서 리더십이 있는 회사였다. 다행히도 이직 후 새로운 일에 잘 적응하며 원하는 길로 갈 수 있었고, 따라서 삶을 새롭게 시작할 수 있었다.

회사를 떠나고 싶은 욕구

일하다 보면 회사를 떠나고 싶은 욕구가 밀려오는 경우가 있다. 하는 일에 지치고 스트레스가 심할 때, 상사나 고객으로부터 심한 얘기를 들을 때, 여기서 미래를 찾기가 쉽지 않다고 느낄 때, 때로는 연봉이 남들보다 못해 우울함을 느낄 때, 필자처럼 새로운 일에 대한 욕구가 생길 때 등 회사를 떠날 고민을 하는 이유는 다양하다.

실제 취업사이트 「잡코리아」가 2020년 4월 발표한 퇴사경험이 있는 직장인 2,288명을 대상으로 퇴사 사유를 조사한 결과, 사유 1위는 '상사, 동료와의 갈등'이었고, 그 다음으로 '조직문화가 맞지 않아서', '직급, 직책에 대한 불만', '과도한 업무량과 지켜지지 않는 워라밸' 등의 순이었다. 대부분 다니는 회사의 문제로 인한 것인데, 불만이 없어도 자신의 미래를 위해 더 좋은 직장을 찾거나 자기가 하고 싶은 일을 찾아 이직을 고민하는 사람도 실제로는 적잖게 있을 것이다.

회사를 떠나고 싶을 때, 누군가는 이를 이겨내거나 참아내며 그곳에 머무르고, 누군가는 도저히 안 되겠다 싶어 회사를 떠난다. 그러나 실제 회사를 떠난다는 것은 앞서 얘기했듯 개인으로 보면 매우 중요한 의사결정이다. 퇴사와 이직으로 인한 직장생활의 성공 여부는 인생의 성패도 같이 걸려있기에 신중

해야 한다. 충분한 고려 없이 함부로 결행할 일이 아니다.

그러나 더는 견디기 어렵거나 더 좋은 직장에서 자기 성장을 위한 기회가 주어졌을 때는 다르다. 결단이 필요하다. 퇴사와 이직으로 새로운 환경을 마주할 수 있고 지금과는 다른 새로운 삶을 기대할 수 있기 때문이다. 그래서 이직은 고난이 따르더라도 더 나은 자신을 찾기 위한 혁신이자 도전이 되어야 한다.

중요한 것은 퇴사를 결심할 무렵이다. 「잡코리아」가 2020년 5월 퇴사를 결심한 적이 있는 직장인 2,928명을 대상으로 조사한 '퇴사 결심을 번복한 이유'를 보자. 이 조사에서는 응답자의 64.8%가 퇴사를 결심했지만 번복하고 퇴사를 미루거나 취소했다고 하는데, 퇴사를 번복한 이유(복수응답)는 '퇴사 후 막막' 41.4%, '경력을 더 쌓고 퇴사하려고' 39.8%, '이직이 뜻대로 되지 않아서' 39.3%, '의지했던 상사·동료의 만류로' 32.1%, '일에 대한 책임감' 29.9%, '내 마음이 바뀌어서' 10.2%, '회사가 더 좋은 조건을 제시해서' 10.1% 순으로 나타났다.

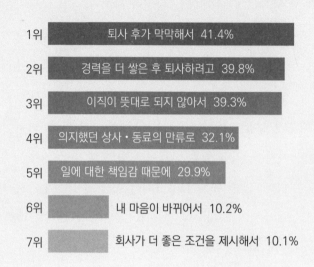

▣ 퇴사 결심을 번복한 이유 (복수응답)

1위	퇴사 후가 막막해서	41.4%
2위	경력을 더 쌓은 후 퇴사하려고	39.8%
3위	이직이 뜻대로 되지 않아서	39.3%
4위	의지했던 상사·동료의 만류로	32.1%
5위	일에 대한 책임감 때문에	29.9%
6위	내 마음이 바뀌어서	10.2%
7위	회사가 더 좋은 조건을 제시해서	10.1%

이 조사결과는 회사를 떠나고 싶은데 나갈 준비가 안 된 사람이 많다는 것을 보여준다. 다음 행로에 대한 준비 없이 감정에 따라 갑자기 퇴사하면 공중에 붕 뜬다. 순간의 시원함을 위해 퇴사를 선언하면 퇴사 후부터 막막함의 시작이다. 또 다른 고생의 시작일 수 있다.

남의 떡이 커 보이는 법

그래서 퇴사는 떠날 마음을 확실히 하고 움직일 공간이 준비된 이후에 하는 것이 좋다. 그것도 다음 공간이 지금보다 무엇인가는 확실히 좋아야 한다. 움직이는 것 자체가 목적이 되어서는 안 된다. 이곳이 싫다고 비슷한 데로 움직이면 대개는 오십보백보의 상황이 된다. 내 떡은 작고 남의 떡이 커 보이는 것과 같은 이치다. 지금 있는 것들이 오히려 더 좋은 경우가 훨씬 많을 수 있다. 많은 퇴사자의 고백이 이를 증명한다. "전 직장보다는 더 좋겠지 기대하며 갔는데 그것이 아니었다. 다른 고통이 나를 마주한다. 아, 내 인생."

그런 만큼 이직 사유의 상당 부분을 차지하는 '사람과 일로부터 오는 스트레스'는 어디나 비슷하다고 봐야 한다. 차이가 있는 것은 기업문화, 연봉, 맡을 직무 정도이다. 이직은 현재보다 나아지려고 하는 것이기 때문에 직무, 기업문화, 연봉, 성장성 등 네 가지 중에서 반드시 최소 두 개 이상 충족하는 곳으로 하는 것이 이상적이다. 지금 있는 회사를 떠나 다른 곳으로 간다면 그것은 전진 스텝이 되어야 한다. 잘못하다간 후진 기어를 넣고 뒤로 가는 수도 있다.

이처럼 이직은 다니는 회사가 마음에 차지 않아 다른 직장으로 옮기는 경우가 많은데 드물게는 다른 데서 먼저 제안이 오는 경우가 있다. 그리고 큰 불만이 없더라도 본인이 더 좋은 여건의 회사를 찾아 나서는 사람도 있다. 둘 다 역량이 있고 '업(業)'의 전문성이 있을 때 가능한 일이다. 이 경우에도 조심해야 할 것이 있는데 이직할 회사에서 제시한 약속이 잘 지켜지지 않을 수 있다는 점이다.

연봉을 예를 들면 직장은 프로야구처럼 다년 계약으로 하는 것이 아니므로 한 해만 연봉의 조건을 맞춰주고 그 이후는 달라질 수 있다. 연봉 때문에 움직이는 사람들이 특히 유념할 점이다. 현재 다니는 직장도 때가 되면 승진하고 연봉도 오르는데 그런 단기의 연봉에 끌려 오판하는 우를 범하지 말아야 한다. 장기간에 걸친 연봉의 변화를 봐야 한다.

그런데 회사를 떠나고 싶은데 별 대안이 없는 상황이라면 어떻게 해야 하나? 그렇다면 지금 회사에 정붙이고 잘 다니는 수밖에 없다. 사람에 대한 문제로 고민하는 사람이라면 '상사로 인해 힘들 때'(챕터4_첫번째 글)에서 얘기한 것처럼 내부에서 그 방법을 찾기를 권한다. 일이 과중하거나 딱딱한 기업문화로 어려움을 겪는 경우도 마찬가지다. 나만 그런 것이 아니라 그 회사에 다니는 많은 사람이 같은 여건에 놓여있다는 점을 명심하라. 먼저 자신의 적응력을 키우는 것이 좋다. 그렇지 않으려면 더 좋은 곳으로 가야 하는데 그 직장을 쉽게 찾을 수 있는 것도 아니며 그곳에서 잘 정착할 지도 의문이다.

이직은 능력의 문제

이직은 어떻게 보면 결단 이전에 능력의 문제다. 능력이 없으면서 현 직장에 불만인 채 산다면 본인만 손해다. 현재 상황에 적응하든지 아니면 능력을 갖춰 대안을 마련해야 한다. 회사에 불만이 많아 떠나고 싶은데 잘 안돼 전전긍긍하는 사람들은 주변에서도 이를 눈치챌 것이며, 동정하기보다 부정적인 시각으로 바라볼 것이다.

'10년 뒤 나의 미래 가치'(챕터2_다섯 번째 글)에서 미래 경쟁력을 갖추기 위해 사람들이 어떤 노력을 기울이는지 소개했다. 나는 그러한 노력을 기울이고 있는지, 그렇지도 못하면서 늘 입에 불만을 달고 사는 사람이 아닌지 생각해 보자. 직장생활을 하다 보면 퇴사와 이직이라는 고민과 결단의 시기가 올 수 있는데, 그때 자기가 진정 원하는 길로 가려면 미리 준비된 자만이 가능하다는 사실을 다시 한번 강조하고 싶다.

 필자가 두 번째 회사에서 잘 적응해 가며 팀장으로 승진하여 2년째 팀을 꾸려갈 무렵, 다른 회사로부터 같이 일하자는 제안을 받게 됐다. 컨설팅 회사였다. 그 회사는 사업을 확장하면서 리서치를 베이스로 컨설팅을 할 수 있는 사람을 찾고 있었다. 하는 일도 좋았고 회사에서 리더의 위치로 성장하고 있을 때라 이직 생각이 없었는데 갑작스럽게 이직으로 이어졌다.

 그렇게 시작된 두 번째 이직은 그야말로 필자에게 도전이었다. '업(業)'의 전문성이 확장된다는 장점이 있지만, 잘 다니던 회사를 뒤로하고 미래가 어떻게 전개될지 모를 회사를 선택한다는 것은 사실 리스크가 컸다. 그러나 번민 끝에 그 길을 선택했다. 젊으니까 가능한 결정이었다. 그 직장에서는 다행히 오랜 기간에 걸쳐 여러 의미 있는 일을 하게 됐는데, 처음 한두 해는 이직 자체를 후회한 경험이 있다. 자리를 잡아갈 때까지 여러 곡절이 많았기 때문이다.

 당시 그 회사로 전직해온 많은 사람이 필자처럼 꿈을 가지고 왔지만 대부분 그 꿈을 이루지 못하고 다시 다른 곳으로 떠났다. 그만큼 이직을 통해 더 나은 모습을 만들어 가는 것은 쉽지 않은 일이다. 도전은 필요하지만 여러 리스크가 따르며 양면의 결과가 있음을 간과하지 말자.

퇴사와 이직으로 새로운 삶을 만들기도 하지만 반전의 계기를 만들지 못하고 또 다른 시련의 시작이 되는 경우도 있다. 이는 옮겨 간 회사가 기대와 다른 것도 있지만 자신의 역량이나 적응력이 부족한 데서 비롯되는 경우가 많다. 현재 둘러싼 환경과 관계없이 자신의 역량을 키우는 것이 다양한 자유로 가는 지름길임을 명심하자.

시련의 조직개편

어느 해 연말, 회사는 대규모 조직개편에 한창이었다. 먼저 새해에 바뀔 조직도를 발표했고 이어서 각 조직을 끌고 갈 리더와 그 하부 조직의 책임자에 대해서는 자유 응모를 받아 심사하여 선정하는 소위 잡 포스팅(Job Posting : 직책 지원제도)이란 제도를 시행했다.

나를 포함 부사장 두 명이 맡고 있던 고객 책임자(CCO ; Chief Customer Organizer) 자리는 지원 없이 CEO가 직접 선임한다고 했다. 두 부사장은 그동안 민간과 공공부문으로 나누어 CCO라는 직책으로 주요 고객에 대한 사업을 끌어왔었다.

잡 포스팅 결과는 일주일 단위로 CCO, 본부장, 팀장 등 상위 직급부터 사내 인트라넷 게시판을 통해 3주에 걸쳐 발표하였다. 가장 먼저 CCO가 발표되던 날 퇴근 무렵이었다. CEO가 퇴근하고 나서 경영기획실장이 굳은 얼굴로 필자에게 다가왔다.

"방금 퇴근 전에 CEO께서 CCO로 OOO부사장 한 명만 선임하셨습니다. 그리고 이 내용을 인트라넷에 게시하라고 말씀하셨습니다. 그 외에 다른 언급은 없으셨습니다."

내가 CCO에 선정되지 않았다는 얘기다. 순간 '멍'했다. 그리고 당혹스러웠다. 전혀 예기치 않은 상황이었다. 이번 조직개편에서 CCO는 그때까지의 정황상 변화가 없을 것으로 짐작했기 때문이었다. 이름이 불리지 않았다는 얘기는 곧 사임으로 이어질 수 있음을 의미했다.

만으로 9년째인 부사장에 대한 마지막 인사 프로세스치고는 너무 허망하다는 생각이 밀려왔다. 그렇지만 임원이란 '임시직 직원'을 줄인 말로 언제 그만둘지 모르는 자리라고 생각해 왔기에 충격은 가슴에 묻고 담담함을 유지해야 했다. 스스로 존엄을 위해서라도 애써 그래야만 했다.

조직개편에서 충격을 받았던 상황을 기록한 필자의 졸저 『어느 부사장의 30년 직장 탐구생활』에 나오는 한 장면이다. 조직개편이 있을 때마다 나쁘지 않은 포지션을 맡아왔던 필자에게 예기치 않게 다가온 시련이었다.

필자는 잡 포스팅이 모두 종료된 후 별도의 직책을 맡았다. 회사의 미래 성장사업을 키우라는 미션이었다. 잡 포스팅의 첫 단계에서 충격을 줌으로써 직원들에게 긴장감을 조성하려는 CEO의 의도된 계획이었다.

조직개편, 모두가 변화의 대상

회사에서 때때로 있는 조직개편은 직장인들에게 피할 수 없는 운명이자 스트레스다. 특히 실적이 저조하거나 변화의 이슈가 있는 조직이나 사람에겐 더욱 그렇다. 그래서 조직개편의 결과는 대개 기회와 희망의 장을 열어 주기도 하지만 아픔이 되거나 시련의 출발점이 되기도 한다. 희비가 엇갈리는 것이다.

경영을 둘러싼 내·외부 환경이 수시로 변하고 있기에 이에 대처할 새로운 조직으로 정비하고 쇄신하는 것은 경영의 중요한 수단이다. 조직에 변화를 줌으로써 효율적인 조직으로 거듭남과 동시에 구성원들에게는 비전과 함께 긴장감을 줌으로써 분위기를 쇄신하고자 하는 것이다.

직장인들에게 조직개편이 중요한 것은 자신의 직접적인 포지션이 변하거나 최소한 주변 여건이 변화되기 때문이다. 부서 통폐합을 비롯해 소속이나 역할이 바뀌는 것부터 자신의 리더나 동료가 바뀌는 등 다양한 변화와 마주해야 한다. 말석에 앉아 있다면 별 변화가 없겠지만 상층부일수록 이러한 변화는 크게 다가온다.

이러한 조직개편은 새 출발을 위함이다. 그런데 모두가 새롭고 기분 좋게 출발할 수 있다면 좋겠지만 반드시 그렇지만은 않다. 가슴 부풀고 희망에 찬 사람도, 실망하는 사람도 있다. 그런데 실망스럽든 희망에 차 있든 모두 출발선에서 결의를 다지기는 마찬가지다. 그것이 끝이 아니고, 환경변화에 따라 조직은 언제라도 개편될 수 있기 때문이다.

직장생활 Up-Down을 이겨내는 마음의 근육

직장생활도 우리의 삶과 마찬가지로 Up-Down이 있기 마련이다. Up 다음에 Down이, Down 다음에는 Up이 올 수 있다는 얘기다. 그런데 이는 가만히 있으면 랜덤으로 찾아오는 행운이 아니다. Down 되었을 때 아픔을 딛고 일어나 그 상황을 이겨내고자 하는 사람에게 오는 기회이다.

Down 되었다고 일어나지 않는다면 그것은 KO패로 간다. 승부가 끝나는 것이다. 그러니 일어나 다시 추슬러 시작해야 한다. 복싱처럼 일어났다 해서 상대방이 다가와 또 Down 되라며 때리는 사람도 없잖은가.

앞서 언급한 것처럼 필자는 숱한 조직개편을 겪었다. 25년간 재임한 세 번째 회사는 조직개편을 빈번하게 했는데 따지고 보면 Up과 Down의 교차였다. 분위기가 좋았다고 해서 조직개편에서 꼭 좋은 자리를 맡는 것은 아니었다. 그 반대 경우도 많이 보았다. 기회의 순간이라고 생각할 때 위기가 오기도 했다. 반대로 위기의 순간인데 또 다른 기회가 주어지는 것도 목도했다.

그러니 조직개편으로 혹여 Down 됐다고 실의에 빠지지 말자. 원치 않았을지 모르는 그 자리에서 역할을 잘하다 보면 언젠가 또 Up의 기회를 맞이할 것이다. 반대로 Up의 상황이 됐다고 자만의 마음을 가져서는 안 된다. 자만의 마음은 잠재 경쟁자의 질투심과 전투심을 유발한다. 그리고 Up 다음 스텝은 어쩌면 Down일 수 있다. 그러니 겸허해져야 한다.

인생도 직장도 이러한 Up-Down을 이겨내는 마음의 근육이 필요하다. 마음을 먼저 잘 붙잡아야 앞을 향해 전진하며 자신이 가진 기량을 발휘할 수 있다. 각오와 다짐은 밖으로 드러내기보다는 마음의 근육에 새겨야 한다. 실망스럽거나 아쉬운 마음이 있어도 이것이 겉으로 드러나면 의사결정자가 좋아할 리 없으며 스스로에게도 부정적인 영향을 준다.

경영의 터닝 포인트를 만들 수 있는 조직개편에 최고경영자는 수시로 그 필요를 느낀다. 효율적인 조직으로 변화를 주기 위한 것이기도 하고 새 바람을 불어넣으려는 의도이기도 하다. 또 매너리즘에 빠진 조직에는 경고를, 성장의 기반을 잘 만들어 내는 조직에는 더 큰 기회를 줌으로써 구성원들에게 강력한 메시지를 전달하고자 함이다.

조직개편은 조직과 분위기를 바꾸는 중요한 경영 수단이지만 때로는 직원들에 대한 회사의 의도를 명확히 구현하는 통로이기도 하다. 실적이 안 나오는 직원, 불편한 직원, 말 안 듣는 직원, 일하는 스타일이 마음에 들지 않는 직원들과 함께 일을 하고 싶은 상사는 없다. 조직개편은 이들을 멀리하거나 밀어낼 기회도 된다.

또한, 조직개편의 이슈 중 하나는 험지로 누구를 보내느냐이다. 그것이 신사업이 됐든 정체하는 영역이 됐든 상황을 반전시킬 필요가 있다면 그 역할을 해줄 사람이 필요하다. 경영에서는 잘 나가는 사업만 가지고 성장을 만들 수 없기에 리스크가 있는 신사업도 키워내야 하며 정체되는 영역도 되살려야 하기 때문이다.

아무에게나 찾아오지 않는 Down-Up 기회

조직개편은 그러한 여러 기대를 담고 있다. 그러니 험지에 배치되었다고 해서 마냥 실망할 일이 아니다. 미운 사람에게 맡겨 어려움을 주는 것이 아니라면 어쩌면 그것을 가장 잘할만한 사람에게 맡긴 것이다.

또 앞서 언급했듯 좋은 포지션으로 이동한 사람도, 험지에 배치받은 사람도 영원한 것은 없음을 알아야 한다. 그래서 어느 위치든 결국은 두 가지를 잘해야 한다. 첫째는 일을 잘해서 실적을 내야 하고, 둘째는 주변에서 인정과 신임을 받아야 한다.

필자는 이를 '역량과 품격의 두 날개로 날아야 오래 난다'(챕터1_두 번째 글)는 글로 표현한 바 있다. 많은 경우 품격이 뒷받침되지 않으면 역량만으로는 더 큰 기회가 주어지지 않는다.

익숙한 역할, 익숙한 사람을 떠나 새로운 변화를 맞는 사람도 마찬가지다. 새로운 역할, 새로운 사람과 익숙해지는 과정을 거치며 성장하고 또 자신의 위상을 만드는 것이다. 실의에 빠져서 움직임이 둔해져서는 전진하기 어렵다.

직장 생활의 궁극적 성공은 무엇을 맡든, 어느 위치에 있든 역량과 품격의 두 날개를 갈고 다듬어 나갈 때 가능하다. 다시 말하지만, Down-Up 교차는 그런 사람에게 주어지는 기회이지 준비되지 않은 사람에게 당연히 찾아오는 행운이 아니기 때문이다.

상사로부터 야단맞을 때

'야단맞는 법'을 가르치는 이색 강의가 일본의 한 대학에서 개설돼 화제가 된 적이 있다. 이 강의는 입사 후 상사에게서 야단을 맞고 정신적 충격을 받았다는 졸업생들의 얘기를 듣고 시작됐는데, 부모 등 주위의 어른에게서 야단을 맞지 않고 자란 세대의 예비 신입사원이 대상이었다.

이 강의의 초점은 야단맞지 않는 테크닉을 배우는 것이 아니라 상사로부터 꾸지람을 듣더라도 자기가 부정당한 것으로 받아들여지지 않도록 하는 데 있었다. 즉, 꾸지람을 받고서 야단맞는 것이 어떤 의미인지를 고민하고, 혼나는 이유를 스스로 깨우쳐 그 경험을 성장의 밑거름으로 삼기 위함이었다.

또 '야단치는 법'에 대한 강좌도 열었다고 하는데 이는 야단을 어떻게 쳐야 할지 스트레스받는 관리자를 위한 것이었다. 상사의 야단은 그 방법 여하에 따라 자칫 부하를 괴롭히는 것으로 지탄받을 수 있기에 어떻게 꾸지람을 해야 부하직원이 잘못을 받아들이고 또 동기부여 시킬 수 있을지가 초점이었다.

야단은 맞는 사람에게도 치는 사람에게도 힘들고 부담인 것이 사실이다. 특히 야단맞는 것은 누구에게나 곤혹스러운데 야단이 익숙하지 않은 이삼십대의 젊은 세대로 갈수록 더욱 그렇다고 한다. 직장에서 야단과 꾸짖음이 갖는 의미와 야단을 맞는 경우 이에 대한 현명한 대응이 무엇인지 생각해봤다.

야단은 누구나 맞는 성장의 과정

야단에 관해서는 따끔한 야단으로 소문난 S그룹 H사장의 얘기에 귀 기울일 만하다. H사장은 신입 시절 좌충우돌할 때 선배나 상사로부터 야단을 많이 맞았다고 한다. 그런데 한번 혼난 일로는 되풀이해서 야단맞지 않기 위해 노력했다. 그래서 갈수록 맡은 일의 완성도가 높아졌고 이러한 경험과 습성은 임원이 되고 CEO가 되는 데 크게 도움이 됐다. H사장은 S그룹에서 16년이나 CEO를 역임했다.

생각해보자. 직장에서 야단 한번 맞지 않고 승승장구하며 가는 사람이 있을까? 집이나 학교에서는 가능했을지 몰라도 직장은 그런 곳이 아니다. 성장해 가는 과정에서 선배나 상사로부터 꾸중이나 잔소리를 듣는 것은 필요하기도 하고 또 자연스러운 것이다. 만약에 야단을 맞지 않는 사람이 있다면 그 사람은 어떤 사람일까?

H사장의 얘기를 더 들어보자. 그는 누군가가 해온 일이 마음에 들지 않으면 즉각 혼내며 야단치지만 어떨 때는 아무 말 하지 않는다고 한다. 그런 경우는 자신이 아끼는 직원이 아니라고 한다. 즉 애정이 있고 믿음이 있으니까 야단도 친다는 것이다. 야단의 명단에 제외된 사람은 야단을 쳐봤자 소용이 없거나 성장이 멈춘 사람이라고 한다.

그래서 야단을 전혀 맞지 않는 사람이 혹여 있다면 완벽하게 일을 잘하는 사람이거나 반대로 상사의 신뢰 리스트에서 제외된 사람일 가능성이 있다. 임원이 되고 CEO가 된 사람 중에 많은 이들이 숱한 야단을 맞으며 그 자리에 간 것이다.

그러니 야단맞는 것으로 인해 너무 아파하거나 충격받지 말자.

그것은 성장의 과정이요, 새로운 깨우침으로 이어가면 된다.

그렇지만 야단을 맞는 순간만큼은 마음이 쓰리고 우울해지는 것을 어쩔 수 없다. 직장에서 맞는 야단은 다른 데서 듣는 꾸지람과는 결과 날이 다르다. 직장은 공동체이면서 경쟁이 존재하는 적자생존의 '업(業)'의 현장이기 때문이다. 야단을 빈번하게 맞으면 직장생활이 순탄하기 어렵다.

그래서 우선은 가능한 한 야단을 맞지 않는 것이 중요하다. 그렇지만 일하다 보면 야단을 원천적으로 피하기는 어렵다. 야단의 주체는 내가 아니라 상사이기 때문이다. 업무가 미숙한 시절도 있을 것이며 어쩌다 실수를 저지르기도 하고 최선을 다했어도 결과가 좋지 않을 때도 있다. 상사는 이를 잘 놓치지 않는다. 심지어 별 잘못이 없는데도 상사가 야단치기도 한다. 신입 시절부터 시작하여 임원이 되어도 끊이지 않는 것이 상사의 야단이요 잔소리다.

반복해서 야단맞는 사람들

중요한 것은 같은 사유로 반복해서 야단을 맞지 않는 것이다. 같은 잘못을 계속 되풀이하는 후배직원을 좋아할 상사는 없다. 그것은 근본적인 문제가 있기 때문이다. 그렇게 맞은 야단은 성장통이 되기 어렵다. 그렇다면 어떤 사람들이 반복적으로 꾸지람을 듣는 걸까?

첫째는 일을 대충대충 하는 유형이다. 이러면 일의 완성도가 떨어진다. 무엇인가 결함이 있을 수 있다. 예컨대 보고서나 제안서를 충분한 데이터와 함께 공들여 쓰지 않아 수준이 떨어지는 경우, 업무 일정이나 약속 등 시간을 잘 준수하지 않는 경우, 세밀하게 보지 않아 오류가 많은 경우 등이다. 이렇게 해서 문제가 생긴 직원을 상사가 참아내기는 힘들다.

둘째는 업무 몰입도가 낮거나 근태에 문제가 있는 유형이다. 업무 중에 유튜브, SNS 또는 게임 등을 과도하게 즐기거나 회사 업무와 관계없는 사적인 취미활동에 지나치게 빠져있는 경우다. 이러면 업무에 지장이 생겨 제시간에 업무를 끝내지 못하거나 일이 충분치 않게 된다. 집중과 몰입이 업무의 퀄리티를 만드는데 그렇지 못한 것이다.

셋째는 태도나 인성에 문제 있는 유형이다. 선배를 봐도 인사를 잘하지 않거나, 남을 수시로 헐뜯거나, 상사의 지시를 온전히 받아들이지 못하거나, 불만투성이거나, 사내 활동에서 시종일관 이기적이거나, 안하무인의 성격을 가진 비호감의 사람들이다. 이들은 나쁜 습성과 기질 때문에 어디서나 문제가 된다.

이런 유형에 혹시 내가 속하지 않는지 아니면 주변에 그러한 사람은 없는지 살펴볼 일이다. 이런 유형은 직장에서 환영받을 수 없다. 그러니 상사로부터 같은 사유로 야단을 반복해서 맞는 것이다. '야단맞아도 싸다'라는 표현에 어울리는 원인을 제공하는 사람은 직장생활이 온전할 리 없다.

야단을 받아들이는 현명한 태도

이와 같은 세 가지 본질적 결함이 아니라 일하는 과정에서 내가 한 일이나 태도가 상사의 마음에 들지 않아 예기치 않게 야단을 맞을 때가 있다. 직장에서 야단은 대부분 이런 경우인데 이럴 때는 어떻게 대처해야 할까? 실제 야단맞는 상황은 그리 흔치 않으므로 그 순간은 어쩌면 직장생활의 중요한 지점이 될 수도 있다. 이러한 상사의 야단이나 꾸짖음은 어떻게 받아들이는 것이 현명할까?

첫째, 상사로부터 야단을 들으면 자신이 무엇을 잘못했는지를 먼저 생각하고 찾아보는 것이 좋다. 그것도 상사의 관점에서 말이다. 꾸지람의 원인이 찾아지면 이를 쿨하게 인정하고 받아들이면 된다. 상사의 관점을 인정하고 수용하면 상사의 꾸지람도 수위가 낮아지며 오히려 격려로 바뀔 수 있다.

야단은 철저히 상사의 시각이고 그래서 이를 꼰대적 시각이라고 얘기하는 사람도 있지만, 상사의 야단은 대개는 잘못에 대한 지적이며 이를 바로잡아주기 위함이다. 상사는 그런 사람이어야 하고 또 상사의 입장이 되어보면 그렇게 된다. 수직적인 조직이 운영되는 과정인 것이다. 그러니 우선 야단을 겸허히 받아들임이 좋다.

둘째, 상사의 야단에 즉각 대응하는 것을 삼가야 한다. 상사의 지적이 옳든 그르든 자신을 정당화하거나 자신이 잘못이 없다고 즉각 주장하기보다는 상사의 얘기를 다 들어봐야 한다. 말하는 중간에 자신의 얘기를 하면 상사는 변명한다고 생각하고 기분이 더 나빠져 꾸중을 더하면 더했지 덜하지는 않을 것이다. 그러니 중간에 상사의 얘기를 끊지 않는 것이 좋다.

그런데 별 잘못이 없는데도 야단맞게 되는 경우도 있다. 억울하다는 생각이 들 것이다. 이럴 때일수록 중간에 끊지 않고 차분하게 기다렸다가 시간이 좀 지난 후 전후좌우의 상황을 설명하는 것이 지혜로운 대응이다. 억울하고 속상해 상사에게 즉각 항변하거나 대들거나 하면 그때는 후련할지 모르나 대부분 후회하게 된다. 하고 싶은 얘기가 있다면 시차를 두고 하는 것이 좋다. 그러면 오히려 전화위복이 될 수 있다.

셋째, 상사가 타당치 않은 이유로 비인간적인 모욕을 빈번히 하여 견디기 힘든 상황이라면 대응을 달리해야 한다. 즉, 이런 경우는 적절한 시점을 택해 그 자리에서 예의를 갖추면서도 당당히 맞대응해야 한다. 그것도 되도록 여러 사람이 보는 앞에서 하는 것이 좋다. 누가 봐도 문제의 원인이 상사에게 있다는 점을 공공연하게 해야 한다. 이에 대한 내용은 '상사로 인해 힘들 때'(챕터4_첫 번째 글)에서도 언급한 바 있다.

이는 상사와의 결별을 전제로 한다. 맞대응 후에는 인사부서를 통해 사정을 얘기하거나 타부서 전환배치를 요구해야 한다. 못된 상사는 회사에서도, 동료들도 인지하고 있을 것이다.

야단을 맞으면서 배우고 성장한다는 긍정적인 면이 있다 하더라도 누가 야단맞는 것을 좋아하겠는가? 야단을 맞으면 누구나 불편하고 속상하다. 그러니 이때만큼은 진심 어린 위로가 필요하다. 스스로의 위로도 중요하지만 주변 동료들의 위로도 필요하다. 그런 동료가 되어야 하며 또 그런 동료가 있어야 한다.

"흔들리지 않고 피는 꽃이 어디 있으랴, 그 어떤 아름다운 꽃들도 다 흔들리며 피었나니." 도종환 시인의 '흔들리며 피는 꽃'이란 시로부터도 위로를 얻자. 야단맞았다고 기죽지 말자. 더 좋은 길로 가기 위한 시련인 것이다.

열정이 식어가는 매너리즘의 길목

직장생활 연차가 진행될수록 유념해야 할 것 중 하나가 매너리즘으로 이어지는 열정의 쇠퇴기가 찾아올 때이다. 그때는 일을 대하는 집중도와 긴장감이 예전 같지 않게 약해지며 새로움에 대한 혁신과 도전 의지는 사라진다. 그래서 이 시기가 오지 않게 항상 옷매무새를 고쳐 매며 조심해야 하고, 혹시 왔다 싶으면 빨리 빠져나와야 한다. 필자가 아는 세 사람은 그런 매너리즘에 빠졌지만 아쉽게도 헤어나오지 못했다.

사례1 _ 경고등 없던 D의 날개 없는 추락

M사에 재직한 D는 신입 시절부터 초롱초롱하고 업무 성과도 좋은 편이었다. 조그만 팀의 관리자로 승진한 이후에도 업무 역량을 잘 발휘했고 후배들로부터 인정도 받았다. 관리자가 된 지 여러 해, 몇 차례 직급 승진을 거쳤고 보다 큰 조직도 맡게 되었다.

그런데 그 무렵부터 D는 조금씩 달라지기 시작했다. 조직을 새롭게 맡게 되어 뭔가 새로운 비전을 보여줄까 싶었는데 그게 아니었다. 의욕이 예전 같지 않았고 긴장감도 있어 보이지 않았다. 업종의 특성상 새로운 고객, 어려운 프로젝트에 도전하면서 성장을 만들어 내야 하는데 자꾸만 쉽고 편한 길에 있으려고 했다. 그러니 맡은 부서가 잘 돌아가지 않는 것은 당연했다.

D가 왜 그렇게 변해 매너리즘에 빠졌는지 모른다. 건강에 문제가 생겼을 수 있고 가정 문제로 인해 일에 집중하지 못했을 수도 있다. 아니면 오랜 기간 고객과의 미팅, 제안서, 그리고 프로젝트에 묻혀 사는 일상에 지쳤을지도 모른다. 또는 그 정도 선에서 무난하게 앞날을 헤쳐 갈 수 있으리라 오판했을지 모른다. 어쨌든 그런 D의 업무 성과나 평판이 좋을 리 없었다.

업무에 열성을 보이지 않고 앉아서 쉽게 관리만 하려는 D에게서 후배 직원들은 멀어져갔고 급기야는 냉소와 뒷담화의 대상이 됐다. 신망도 잃고 성과마저 뒤떨어지는 D가 가는 길은 뻔했다. 생각해 보면 D의 열정이 식어갈 때 이를 경고해주지 못한 M사의 시스템도 문제였고, 이를 경고하고 잡아줄 선배가 주위에 없는 것도 문제였다.

사례2 _ 테뉴어 시점에 변심한 B교수

이번엔 대학교수의 사례다. 한때 대학 내에 영역별로 단기 최고경영자 과정이 유행한 적이 있다. 이를테면 패션, 유통, IT, 식품, 서비스산업이라고 이름 붙인 최고경영자 과정이었다. 경영에 대한 학습 목적과 함께 인적 네트워크도 만들 수 있어 당시엔 인기가 있었다. 필자의 회사는 이러한 과정에 대한 기획과 운영 노하우가 있어 대학과 공동으로 최고경영자 과정을 여러 번 운영한 적이 있다.

U대학 B교수는 이런 최고경영자 과정의 주임교수였다. 필자는 그 과정의 운영을 상의하기 위해 B교수와 미팅이나 식사를 여러 차례 했다. 어느 날 필자의 회사가 있는 여의도 CCMM빌

딩 12층 식당가에서 점심을 하게 되었는데 바로 그날 B교수와 나눈 얘기가 충격적이어서 아직도 기억에 선명하게 남아있다.

이날 B교수는 필자에게 대학본부로부터 받은 퇴직 예정 일자가 찍힌 레터를 보여줬다. 그 무렵 B교수는 테뉴어 교수로 승진하였는데 이는 정년까지 신분을 보장받는, 교수로서는 가장 영예로운 자리였다. B교수의 나이가 40대 중반이었음을 생각하면 그 레터는 향후 20년간 정교수로서 재직하고 만 65세가 되는 해 학기 말에 퇴임한다는 내용이었다. 그런 B교수가 부럽지 않을 수가 없었다.

그런데 연이은 B교수의 말이 귀를 의심케 했다. 앞으로 학교에는 일주일에 이틀 정도, 즉 강의 있는 날에만 가고 나머지 시간은 자신을 위해 자유롭게 살겠다는 것이다. 외부에 설립한 자신의 연구소에 더욱 많은 시간을 할애하겠다는데 그 연구소는 영리를 목적으로 하고 있었다. 거기에다 평일에 저렴한 요금으로 골프도 자유롭게 치겠다는 것은 덤이었다. 고생했던 과거를 보상받은 그 시점, 그의 미래 이정표엔 본업인 연구와 티칭에 대한 새로운 계획이나 목표는 없었다.

사실 B교수는 젊은 시절 지방 사립대에서 콘텐츠와 열정으로 제자들에게 존경받고 또 촉망받는 교수였다. 이를 인정받아

서울의 유명 사립대까지 올 수 있었는데 너무 고생한 탓인지는 몰라도 테뉴어 교수가 된 절정의 순간에 뒤틀어진 욕망이 자리하고 있었다. 본업에 집중하지 못한 채 무뎌진 열정과 철 지난 콘텐츠로 과연 제자들에게 무엇을 줄 수 있을 것인지 안타깝기만 하였다.

사례3 _ 매너리즘과 '위장 열일'

이번은 좀 특이한 사례이다. 앞의 두 사례와 유사하게 번아웃 (Burn out) 되었지만 그래도 자기 상사에게만큼은 '열일'하는 모습으로 보여 오랜 기간 자리를 잘 지키다가 결국 퇴출의 길을 간 직장인에 관한 얘기다.

필자의 고객사인 중견기업 L사의 A는 주말 오후면 습관적으로 꼭 회사에 출근했다고 한다. 이유인즉 A의 직속 고위임원이 주말에 골프를 치고 귀가하는 길에 간혹 회사에 들르곤 했는데 그때마다 출근하여 자리를 지키는 A를 주말에도 열심히 일하는 것으로 인정해주었기 때문이다. A의 주말 출근은 개인적인 시간을 갖기 위한 것이 대부분이었는데 고위임원이 그것까지 알아채기는 어려웠던 모양이다.

A는 그렇게 직속 임원에게 점수를 땄다. 그래서 한 달에 한 번을 마주치더라도 그 임원에게 자신의 '열일' 모습을 어필하기 위해 주말 오후엔 꼭 회사에 출근하여 자리를 지켰다. A는 좋은 이미지로 직속 임원을 비롯한 여러 임원에게 각인됐고 진급도 비교적 순조로웠다.

그러나 '위장 열일'로 인한 후광효과는 오래가지 못했다. A가 맡은 부서의 실적이 악화되면서 부서가 곤경에 처하게 되자 자신에게 날아오는 화살을 피하지 못했기 때문이다. 그 화살은 아래 직원들이 쏘아 올린 것이었다. 평소 직원들을 재촉하고 닦달하는 A에게 직원들이 등을 돌리면서 그들을 통해 A의 실체가 임원의 귀에도 들어가게 된 것이다. '위장 열일'이란 비장의 무기도 난세엔 통하지 않았던 모양이다.

그런데 A가 처음부터 그런 것은 아니라고 한다. 초임 관리자였을 때는 힘든 일, 궂은일에 앞장섰고 구성원들 한명 한명을 잘 챙겼으며 현장도 열심히 뛰면서 주어진 목표도 곧잘 달성했다. 그래서 구성원들도 잘 따랐고 조직도 순항했다. 그러나 직급이 몇 계단 오르고 여러 해가 지나면서 예전의 모습은 풍선에 바람 빠지듯 점차 사라졌다고 하니 참으로 아이러니한 일이 아닐 수 없다.

A의 이런 모습은 마치 열심히 달려오던 길을 멈춰 선 듯 보였으며, 거기에다 열심히 달리는 직원들 뒤에서 이들을 재촉하는 나쁜 관리자의 모습으로 변했다고 한다. '열정 총량의 법칙'이 적용되어 뒤늦게 열정이 꺾인 것인지, 지친 것인지, 아니면 이 정도면 됐다고 생각했는지 모를 일이었다. 직원들이 등을 돌리고 실체가 드러난 순간 A는 결국 설 자리를 잃고 회사를 떠났다는 전설 같은 얘기다.

누구나 겪는 열정의 쇠퇴기, 매너리즘

취업 포털 「스카우트」에서 1,400명의 직장인을 대상으로 매너리즘과 관련된 설문 조사를 했는데 그 결과가 흥미롭다. 즉, 전체 응답자의 75% 정도가 '현재 자신은 매너리즘에 빠져 있다'는데 동의했으며, '한 번도 매너리즘이 찾아온 적이 없다'는 응답은 불과 7.5%에 그쳤다. 직장인에게 매너리즘은 누구에게나 찾아올 수 있고 또 겪게 되는 보편적인 현상임을 보여주는 조사결과이다.

이 조사에서는 매너리즘에 빠지게 된 주된 이유도 물었는데,

'틀에 박힌 일상'을 가장 많이 꼽았으며(45.1%), 이어서 '자기계발 없이 시간을 허비하고 있기 때문'(19.8%), '세상이 변하는 속도보다 자신이 뒤처지고 있다는 생각이 들기 때문'(13.0%), '일에 대한 목적의식을 잃었기 때문'(11.4%) 순으로 나타났다.

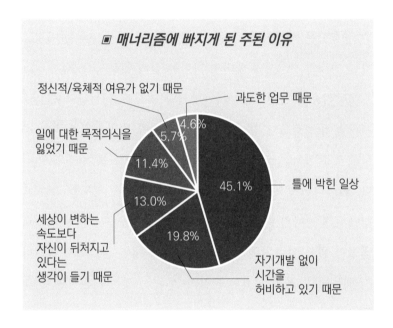

하는 일에 익숙해지면서 자기도 모르게 업무가 느슨해지고 일에 대한 긴장감과 집중력도 예전 같지 않을 수 있다. 반복되는 업무에 지겨움을 느낀다거나 워라밸도 없는 일에 지쳐있거나 하면 더더욱 그렇다. 이해할 수 있다, 사람이니까. 초반에 가졌던 열정과 의욕은 시간의 흐름에 따라 변화되기 마련이지 않은가.

그러나 문제는 시간이 흘러가면서, 하는 일에 익숙해지면서, 일정 정도 성취가 이루어지면서 열정이 무뎌지고 긴장감이 사라질 때이다. 남녀의 사랑도 마찬가지 아니던가. 처음에 가졌던 강렬함은 시간이 흐르며 수그러든다. 그래서 부부는 사랑보다는 인내와 관용으로 살아야 한다는 말이 있는지 모른다.

매너리즘이 슬럼프를 겪는 것처럼 일시적으로 찾아오는 경우라면 모르겠으나 앞의 사례처럼 갈수록 번아웃되어 점차 공고해지고 있다면 그것은 큰일이다. 그냥 놔둘 일이 절대 아니다. 왜냐하면 번아웃으로 매너리즘에 빠져들면 업무를 하는 과정에서 드러나기 마련인데, 직장은 절대 만만한 곳이 아니어서 열정이 없는 사람의 보잘것없는 성과에 대해 냉정하게 판단하기 때문이다. 욕먹는 것과 승진이 안 되는 것은 기본이요, 좌천되거나 잘릴 수도 있다.

이러한 점을 아는데도 긴장감이 생기지 않거나 식어가는 열정을 붙잡지 못한다면 이미 직장생활에 빨간 불이 선명하게 켜져 있는 것이요, 잘릴 날이 째깍째깍 다가오고 있음이다.

그런데 직장에서 이처럼 초심을 잃고 매너리즘에 빠진 사람들 말고도 의외로 많은 것을 이룬 고위 간부 중에서도 열정이 식은 경우를 발견한다. 앞서 B교수의 사례가 그렇다. 너무 고생 고생하여 고지에 오른 탓인지 전에 보여준 에너지는 사라지고 없다.

물론 고위 간부는 자신의 그러한 모습을 드러나지 않게 한다. 따라서 주변에서 매너리즘에 빠진 간부를 알아채기는 쉽지 않다. 어떻게 보면 아래 직원들에게 더 많은 닦달을 하고 신경질을 내고 있다면 이 또한 이를 감추기 위한 '위장 열정'일 수 있다. 진정한 열정은 본인이 앞장서 '돌격 앞으로' 할 수 있는 리더십인데, 뒤에서 총 들고 '전진 앞으로'를 외치는 리더는 열정도 없고 리더십도 없는 악성 관리자일 뿐이다.

동기부여 – 매너리즘을 벗어나게 하는 힘

전에 고속도로를 주행하다 보면 '깜빡 졸음, 번쩍 저승'이란 서늘한 문구가 곳곳에 있었다. 졸음 운전을 하는 운전자에 대한 경고였는데 필자도 그 문구를 보며 졸음을 떨쳐내곤 했다. 직장에서 매너리즘도 마찬가지다. 그래서 그런 시기가 찾아올 무렵이면 번쩍이는 경고등을 볼 수 있어야 하며, 혹 늪에 빠졌다면 바로 빠져나와야 한다. 그것을 가능하게 하는 것이 동기부여다.

보통 회사의 평가시스템은 자연스럽게 이런 동기부여의 역할을 한다. 회사는 인사평가를 통해 승진이나 승급을 판단하고 성과급 규모 등을 달리하며, 조직개편을 통해 소속, 리더, 업무를 바꿔주는 등 직원들이 긴장감을 가지고 일하게 만든다. 직원들은 이런 시스템을 통해 동기부여가 되며 성장의 비전을 갖기도 한다.

또 야단치는 상사도 동기부여의 주체가 될 수 있다. 앞서 D는 불행히도 자기를 각성시켜줄 상사가 없었기에 무한 질주의 매너리즘을 보여준 예다. 리더는 팔로워가 지치거나 힘들 때 격려도 해야 하지만 매너리즘에 빠져들 가능성이 있는 사람에게는 따끔한 일침을 가함으로써 궤도를 이탈하지 않도록 리더십을 발휘해야 한다.

그런데 더 중요한 것은 자기 스스로 동기부여 하는 것이다. 자기의 모습을 성찰하며 자기 옷에 때가 끼었는지 얼굴에 숯덩이가 묻었는지 또 마음 한구석에 곰팡이가 피어나는지를 수시로 살펴봐야 한다. 그것은 성찰이다. 그런 성찰이 없으면 자신의 현 모습을 제대로 볼 수도 없거니와 동기부여 또한 가능하지 않다.

이러한 동기부여는 매너리즘에만 필요한 것이 아니다. 오랜 직장생활에서 지치지 않고 앞을 향해 전진하려면, 또 경쟁에서 승리하려면 적절한 상황에 또 적절한 시점에 동기부여 되어야 한다. 알렉산더대왕이 동방원정에서 병력이 10배 이상 많은 페르시아군과 맞붙어 승리한 것은 전략의 탁월함도 있지만, 알렉산더대왕의 동방제패에 대한 욕구와 열정이 더해진 것이었으며 이것이 군사들에게 적절히 동기부여 되었기 때문이다.

동기부여라는 자극이 필요한 사람들은 또 있다. 아예 처음부터 편함을 선택한 사람들이다. 뒤처지지만 않고 중간 정도에서 조용히 가고자 하는 사람들이다. 이들에겐 성취 욕구와 열정이라는 아드레날린이 분비되지 않는다. 일하며 욕먹기는 싫으니 딱 그 정도 수준에서 스스로 타협한다. 목표 없이 세월의 흐름에 자신을 맡기는 사람들이다. 그 세월이 자신을 악의 구렁텅이로 밀어 넣는지도 모르면서 말이다.

필자는 일에 면피만 하려는 이런 사람 중 일찍이 일이 아닌

다른 쪽에 관심과 열정을 가진 경우를 봤다. 대표적인 예가 자신의 취미활동이나 재테크에 과도하게 몰입하는 경우이다. 직장생활과 병행하는 취미생활과 재테크도 삶의 관점에서 보면 매우 중요하다. 그러나 정작 본연의 업무는 낙제점인데도 과외활동에 치중한다면 그것은 누구에게 환호받을 일인가?

이처럼 매사 편함의 길을 택한 사람들, 매너리즘에 빠져 자기 업무에 집중하지 못하는 사람들은 어떤 길을 가게 될까? 뻔하지 않은가? 직장생활에서는 언제쯤인가부터는 걸러지기 시작한다. 회사는 옥석을 가려 옥은 올리고 석은 빼낼 것이기 때문이다. 혹여 운이 좋아 잘 빠져나와 가늘고 길게 정년 언저리까지 어찌어찌 간다 해도 그곳에는 영광도 없고 박수도 없다. 그냥 숨을 쉬고 그 강을 건너왔을 뿐이다. 삶과 인생이 풍성해질 리 없고 고난과 고독의 과정인 것이다.

필자가 아는 대기업 K사의 차장 C는 이런 이유로 사십 후반 무렵에 회사를 떠났다. C는 앞서 언급한 대로 적당히 면피할 수준 정도까지만 일하는 스타일이었다. 그러니 자부할 만한 성과도 없었고 그를 좋아하는 상사나 동료도 없었다. 더욱이 C는 업무시간 틈틈이 주식투자를 하곤 했는데 업무에도 지장이 있을뿐더러 주위의 동료와 상사들이 모를 리 없었다. 회사가 어려워져 구조 조정할 때 C는 이를 피할 수 없었다. 주식에서도 큰 손실을 본 C의 앞날이 깜깜한 이유다.

리셋이 필요한 이유

매너리즘에 빠졌는데 여기에서 헤어나오지 못하거나 일보다는 자기만의 시간을 편하게 즐기고자 하는 사람들은 이미 빨간 불이 들어와 있고, 직장의 중대한 고비에 놓여 있다. 빨간 불이 들어온 신호등을 자꾸 무시하다 보면 사고를 피할 수 없다. 직장에서의 쇠퇴는 삶의 쇠퇴로 이어짐을 명심해야 한다. 직장생활은 인생의 중요한 승부 구간이기 때문이다.

그러니 매일 한 번씩 꼭 스스로 다듬어볼 일이다. 일을 대하는 내 가슴이 얼마만큼 뛰고 있는지, 편함을 위해 최선이 아닌 중간쯤이나 대충대충, 설렁설렁을 택하고 있지나 않은지, 자신의 나약함과 매너리즘을 감추기 위해 남을 속이고 있지 않은지.

누구나 지치고 흔들릴 때가 있다. 악마의 속삭임이 귓전에 있을 때도 있다. 편해지고 싶고, 쉽게쉽게 넘어가고 싶고, 늘어지고 싶은 속삭임에 타협하다 보면 자신도 모르게 사망의 골짜기에 이른다. 날마다 리셋이 필요한 이유다. 리셋으로 처음의 신선한 느낌과 뛰는 가슴으로 온전히 돌아갈 수 없을지 몰라도 최소한 자신이 서 있는 모습이 어떤지는 알 수 있다. 이는 깨닫는 계기, 다짐의 계기가 된다.

그래서 이른 아침이나, 잠자리에 들기 전 반드시 하루의 일과를 뒤돌아보거나 자신의 모습을 뒤돌아보며 성찰이라는 리셋을 해야 한다.

Chapter 5

임원으로 가는 길

수고했어요

Oil on canvas, 53.0 x 45.5, 2019

당신도 리더가 된다

스스로 리더가 아니라고 생각하는 사람들이 많다. 조직의 수장을 맡고 있지 않으면 리더가 아니라는 시각에 지배당하기 때문이다.

그런데 조직을 맡지 않더라도 중간 직급에서 신입 직원에게 사수라고 불리는 리더가 되기도 한다. 특정 업무에서 프로젝트 단위로 팀을 이뤄 후배 직원과 함께 일하는 경우라면 더욱 그렇다. 조직이 수평적으로 변화되는 요즈음 이런 일은 갈수록 많아지고 있다. 그렇기에 누구든 상황과 역할에 따라 리더가 되기도 하고, 팔로워가 되기도 한다.

사람을 움직이는 리더십

2014년에 방영되어 큰 화제가 되었던 『미생』이란 드라마에서 신입사원들이 바로 위의 선배 사원인 대리에 까여가면서 업무를 배우는 장면이 나오는데, 여기에서 나오는 대리는 바로 위 팀장의 지휘를 받지만 동시에 신입사원을 가르치는 역할을 하는 중간 리더다. 주인공인 장그래 사원을 비롯한 신입사원들은 팀장보다 오히려 이들의 영향에 더 민감한 경우가 허다하다.

실제로 부서장의 리더십 못지않게 공식, 비공식으로 작용하는 과장, 차장이나 대리 등 선배 직원들의 리더십이 중요할 때가 많다. 회사를 떠나려고 하는 사람들에게 원인을 물으면 바로 위 직속 상사가 퇴사 욕구의 원인인 경우가 많은데, 이것이 바로 같이 일하는 선배 직원의 역할이 중요한 이유이다. 『미생』을 보면 인간적으로 모욕을 주는 선배도 있고, 엄격하지만 따뜻한 마음으로 업무를 가르쳐주는 선배도 있다. 서로 다른 리더십이다.

이처럼 리더십은 큰 조직을 맡는 리더에게만 요구되는 것이 아니다. 소수의 팀원과 함께 하는 팀장에게도, 단 한 명의 후배를 둔 선배 직원에게도 필요한 역량이다. 장차 리더로 성장할 사람들에게는 더더욱 말할 것도 없다. 그러므로 리더십을 얘기할 때 조직의 리더에만 해당한다고 여기는 것은 잘못된 생각이다. 직위와 관계없이 거의 모든 사람에게 리더십은 중요한 현실이다.

이렇듯 리더십을 중요하게 얘기하는 이유는 리더십이 조직이나 프로젝트를 성공적으로 이끄는 핵심적인 덕목이기 때문이다. 조직에서는 뛰어난 리더십으로 성공의 사다리를 타기도 하고, 리더십 부재로 실패의 늪에 빠지기도 한다. 개인의 성장에서 리더십은 더없이 중요하다.

다음은 필자가 보았던 어느 팀장의 얘기다.

C팀장은 팀원들에게 역할을 주고 관리만 하는 스타일이었다. 그런데 업무 진도가 계획만큼 나오지 않으면 야단을 넘어 비난을 퍼붓는 정도가 심해서 팀 회의에 들어가고 나오는 직원들의 표정은 늘 밝지 않았다. 그렇게 팀원들을 짓눌리게 한 C팀장이었지만 자기 상관인 담당 임원만큼은 깍듯하게 챙겼다.

그러던 중 3개의 팀을 책임지는 다른 부서장 자리에 공석이 생겨 팀장 중 누군가를 승진시켜 임명해야 했다. C팀장의 담당 임원은 평소 본인에게 절대 충성하던 C팀장을 적극적으로 추천했다. 필자는 리더십에 문제가 있는 C팀장이 상위 보직을 맡는 것은 적절하지 않다며 비공식적으로 C팀장의 승진을 반대했다. 그러나 회사에서는 담당 임원의 추천을 우선 고려했고, C팀장을 새로운 부서장으로 임명했다.

이후 그 부서는 채 1년이 안 돼 여러 구성원이 이탈 조짐을 보이면서 균열이 발생했다. 부서장이 된 C팀장의 관리 중심의 힐난 리더십으로는 새로운 조직을 끌어가는 데 한계가 있었다. 본인은 널널하게 일하면서 기회가 있으면 직원들을 쪼아대니 누구 하나 마음을 내주지 않았다. 상사에게 아부하며 그간 위기를 넘겨오던 C팀장의 한계였다. 모든 것이 노출되어 방어할 힘을 잃은 순간 그것으로 C팀장은 끝이었다. 엉터리 리더십의 말로다.

어느 조직에서든 리더십이 화제다. 리더십에 대한 교육과정도 많다. 고급관리자뿐 아니라 중간 과정에 있는 사람들도 리더십 교육을 받는다. 왜 그럴까? 리더십을 어떻게 발휘하느냐에 따라 조직 내 분위기와 성과에 큰 차이가 나기 때문이다. 따라서 어느 조직이든 리더십을 잘 발휘하는 리더를 원하기 마련이다.

스포츠 세계에서도 리더십이 중요하다. 프로야구에서는 감독들의 리더십이 서로 극명하게 비교되기도 한다. 강력한 카리스마로 선수들을 장악하는 감독도 있고, 선수 한명 한명을 동생처럼 대해주어 형님 리더십으로 회자된 감독도 있다. 그중에는 현역시절 무명 선수였는데 감독이 되어 뛰어난 리더십으로 인정받는 사람도 있다. 현역시절의 성적이 꼭 리더십과 비례하지 않는 것이다. 리더십은 기술이나 기량이 아니고 사람의 마음을 움직이게 하는 힘이기 때문이다.

리더에게 필요한 세 가지

그렇다면 모두에게 필요하다고 하는 리더십의 핵심은 무엇인가? 리더십에 대해서는 많은 사람들이 다양한 얘기를 하고 있는데 필자는 방향설정, 동기부여, 책임 등 세 가지를 직장이라는 공동체에서 특히 필요한 리더십의 핵심으로 꼽고 싶다.

첫째, 방향설정이다. 리더라면 어느 방향으로 어떻게 가야 하는지 판단할 줄 알아야 한다. 여러 대안 중에 가장 적절한 것을 선택할 수 있어야 하고, 선택한 것에 대해서는 성공을 위한 전략 방향을 제시할 줄 알아야 한다. 잘 모르면 회의를 통하여 가장 좋은 방법을 찾아내야 하며 때로는 잘 아는 사람에게 전체를 믿고 맡기는 것도 리더십이다.

필자의 전 직장에서의 일이다. 공공기관 만족도를 평가하는 고객만족도(PCSI) 조사가 정부에서 처음 모델개발 프로젝트로 발주되었을 때, 관련 부서장은 제안 참여에 망설였다. 제안서를 준비하려면 많은 공수를 들여야 하는데 이미 경쟁사가 선점하여 수주 가능성이 낮은 데다 다른 일로 바빴기 때문이다. 그러나 담당 임원은 프로젝트의 상징성과 파급력을 고려하여 참여를 결정했고 철저하게 준비함으로써 결국 수주에 성공했다.

그 프로젝트로 해당 부서는 사업 규모를 크게 확장하였고 회사는 이를 기반으로 공공영역이라는 또 다른 큰 시장을 개척하는 계기를 마련했다. 회사는 이후로 공공분야 사업의 선두 주자가 되었고 크게 성장할 수 있었다. 근시안적 사고로 도전하지 않았으면 만들어 낼 수 없는 영역이었다. 도전하는 것도, 희박한 성공확률에서 우뚝 서는 것도 리더십이다.

둘째, 동기부여다. 선생님으로부터 동기를 부여받은 학생이 훨씬 더 열심히 공부하듯, 회사에서 리더의 동기부여는 직원들의 열의를 불러일으키게 하는 힘이 있다. 능력이 있어도 동기부여가 되지 않으면 칼집 속의 녹슨 칼이 되기 쉽지만 반대로 동기부여만 제대로 되면 기대 이상의 능력을 발휘한다. 이 같은 동기부여는 개인에게뿐만 아니라 조직 전체에도 필요한데, 동기부여가 된 원팀(One Team)은 실제 가진 능력 이상의 놀라운 힘을 발휘할 수 있다.

고대 로마 전쟁사를 읽다 보면 전쟁에 출정하기 전 총사령관이 장병들을 독려하는 장면이 나온다. 이 전쟁에서 왜 이겨야 하는지, 이기기 위해서는 어떻게 해야 하는지, 또 지휘관인 총사령관이 장병들을 얼마나 믿는지를 감동적으로 연설하는 장면이다.

이 연설로 장병들의 사기는 고조되고 전의는 불타오른다. 지금의 프랑스를 정복한 카이사르는 명연설로 장병들의 투지를 불러일으킨 뛰어난 사령관으로, 수많은 전투를 승리를 이끌었다. 그중에는 적보다 적은 병력으로 승리로 이끈 경우도 많았다. 동기부여는 최선의 노력을 기울이게 하는 힘이다.

셋째, 책임지는 리더십이다. 팀원의 실패나 실수를 리더가 감싸주고 때로는 먼저 책임을 감당하는 리더십이야말로 최고의 덕목이 된다. 다른 것과는 달리 책임을 진다는 것은 희생이 따를 수 있어 행하기가 쉽지 않다. 그렇기에 책임의 리더십은 후배 직원들을 믿고 따르게 하는 신뢰를 만든다. 주변을 보면 문제가 생기면 다른 사람 탓으로 돌리며 발뺌하는 사람들이 더러 있는데 이런 사람을 누가 믿고 따르겠는가?

필자가 두 번째 직장으로 옮긴 지 얼마 안 돼 부장의 지시로 병가 중인 직원을 대신하여 고객사가 의뢰한 프로젝트의 최종 브리핑을 맡은 적이 있다. 갑작스런 상황에 열심히 준비했지만 생각지 않은 고객의 다양한 질문에 당황하여 답변을 제대로 하지 못했다. 고객 앞에서 한 최초의 브리핑이었는데 난감한 상황이었다. 당시 배석한 부장이 전후 사정을 설명하며 본인의 잘못으로 정중히 사과하고 차후 2차 브리핑을 약속하면서 마무리하지 않았으면 달아오른 얼굴을 쉽게 가라앉히지 못했을 것이다.

부장은 회사로 돌아오면서 필자를 책망하지 않았고 그럴 수 있다며 2차 브리핑 준비를 철저히 해 만회하자는 격려의 말을 해주었다. 자칫하면 트라우마로 남을 뻔한 그 날 일이 필자에겐 그 이후 브리핑을 포함한 고객미팅에 최선을 다해 준비하게 되는 계기가 되었다. 그것은 부장이 자신의 잘못으로 돌리며 필자를 보호하고 격려해준 덕분이었다.

 필자가 처음으로 조그만 보직을 맡은 날 필자의 상사는 조직을 맡은 '장'으로서 가장 중요한 역할이 무엇인지를 물었다. 목표달성이라는 관점에 크게 사로잡힌 필자에게 돌아온 상사의 답은 당시에 너무 의외였다. "목표달성도 중요하지만 이보다 더 중요한 것은 직원들이 곤경에 처해 힘들어할 때, 이를 해결해 주는 것이다." 이것이 바로 리더십의 핵심이다.

 리더의 위치에 있다고 모두 리더가 되는 것이 아니다. 리더십을 온전히 발휘하는 사람만이 리더라고 불릴 자격이 있으며, 그렇지 않다면 단순히 연차 많은 고참 상사일 뿐이다.

부장의 길, 임원의 길

직장생활의 꽃이 되는 시점은 임원이 되는 순간이다. 그러나 임원은 누구나 되는 것이 아니며 아무나 되는 것이 아니다. 대기업의 경우 신입사원으로 들어온 직원이 나중에 임원이 되는 경우는 0.8%에 불과하다고 한다. 100명 중 99명이 임원이 되지 못한다는 뜻이다. 많은 사람이 중간에 그만두거나 아니면 부장이나 차장, 과장 직급으로 끝난다는 얘기다.

그렇지만 많은 이들이 임원을 꿈꾼다. 직장생활 연차가 많지 않으면 대리, 과장 등 다음 단계 직급으로 승진이 더 우선이겠지만 부장, 차장 정도가 되면 그다음이나 다음다음 직급인 임원을 바라보게 된다. 머지않은 장래에 부장으로 끝날 것인가,

임원으로 진급할 수 있을 것인가는 직장인에게 운명의 갈림길이 된다. 이는 직장생활의 성공 여부를 바라보는 1차 기준점이기 때문이다.

이렇듯 직장인의 로망이며 워너비가 임원의 길이지만 이를 포기한 사람도 의외로 많다. 임원이 되기에는 부족함이 많은 것을 깨닫는 사람도 있을 것이고 가늘고 길게 정년까지 생존하며 남아 있는 것이 좋겠다는 사람도 있을 것이다. 또한, 임원승진을 위해 쏟는 노력보다 더 귀한 가치를 찾겠다는 사람도 있을 수 있다.

그러나 성장하고 있는 직장인이라면 대개는 임원을 꿈꾸게된다. 두 부류의 길은 확연히 다를 수밖에 없다. 이 글은 임원의 길로 가고자 하는 사람을 위한 것이지만 길게 보면 직장생활을 보다 성공적으로 보내기 위한 길이기도 하다.

그러면 사람들은 직장에서 왜 임원이 되려고 하는 것일까?

임원이 되면 무엇보다도 연봉이 달라진다. 회사마다 차이가 있기는 하지만 대부분 부장 직급에서 임원이 되면 연봉의 상승은 그전 직급에서의 연봉 인상과 비교할 수 없다. 오르는 연봉만 수천만 원에서 때로는 억대가 되기도 한다. 성과급의 규모도 이전보다 훨씬 많다. 경제적으로 걱정을 좀 덜 하는 길로 접어든 것이다.

둘째는 복리후생이다. 임원에게 승용차를 지급하는 회사도 많으며 골프 회원권이나 휘트니스 이용권을 지급하기도 한다. 삼성병원이나 아산병원 또는 대학병원 등에서 본인을 포함 가족까지 종합검진을 받게 하는 회사도 많다. 법인카드에 대한 사용 권한과 범위도 넓어지며, 업무 범위의 확장과 더불어 사무 공간에 변화가 생겨 별도의 방이나 좀 더 좋은 공간에서 일하게 된다.

셋째는 업무 영역이 확장되거나 권한의 범위가 커진다. 은행의 경우 지점장을 맡다가 임원급인 본부장이 되면 특정 권역을 맡아 영업을 총괄 지휘하거나 본사에서 여러 부서장을 둔 본부장이 된다. 예컨대 경영기획본부장, 마케팅본부장, 경영지원본부장 등이다. 일반 기업에서도 파트장, 그룹장, 팀장, 부장 등의 직위로 10명 안팎의 소규모 부서를 이끌다 그런 부서 여러 개를 지휘하는 수장이 된다.

넷째는 성취감과 자부심이다. 임원승진은 당사자에게 성취감은 물론 가족 구성원 모두에게 그간의 고생에 대한 심리적 보상과 함께 자부심을 준다. 그것은 어쩌면 새로운 삶의 공간에 진입하는 것이며 따라서 커다란 동기부여가 된다. 고객사나 사회적 시선에도 변화가 있다. 회사를 대표하는 임원으로 존중받고 인정받는 것이다.

임원의 첫 번째 기준, 실적

그렇다면 어떻게 하면 임원이라는 별을 딸 수 있을까? 알다시피 기업에서 가장 중요시하는 것은 실적이다. 그래서 좋은 실적은 임원이 되는 데 필수적이다. 남들이 범접할 수 없는 최고의 실적을 낸 사람이 임원으로 우선 승진하는 것은 당연하다.

그런데 실적을 보는 눈에는 두 가지 관점이 존재한다. 첫째는 실적을 내는 데 어떤 역할을 했는지를 보는 것이다. 운이 좋아 자신의 역량보다는 숟가락 잘 얹어서 나온 실적도 분명 존재한다. 이런 실적이라면 있는 그대로 봐주지는 않을 것이다. 새로움으로 개척한 성과가 진정 의미 있는 성과인 것이다.

두 번째는 실적의 레벨이다. 모두가 1등이 될 수 없고 최고 수준의 성과를 내는 것이 아니다. 상위권의 실적이라면, 예컨대 상위 30% 수준이라면 임원이 될 수 있을까? 아니 상위 20%나 40%는 어떨까? 또 성과가 영업실적처럼 숫자로 명확하게 나오는 것이 아니라면 어떻게 할 것인가?

그래서 주변을 보면 임원으로 승진하는 모든 사람이 최고의 실적을 낸 사람만은 아니다. 상대적으로 좋은 실적에도 임원이 못 되는 경우가 나오는 것이고, 중상위권의 실적으로, 또는 실적을 카운트하기 어려운 업무에서도 임원으로 승진하는 경우가 적잖이 있는 것이다.

실적이 중요한 것은 이것이 결격사유가 되어서는 안 되기 때문이다. 최소 중상위권을 유지하고 다른 것에서 좋은 평가를 받아야 한다. 임원승진 평가란 실적이라는 베이스를 놓고 나머지 중요한 요인들을 살펴보는 것이다.

태도의 품격과 소통의 힘

승진을 담보하는 확고한 실적이 아닌 이상, 임원이 되기 위한 다른 필요충분조건을 갖춰야 한다. 필자는 백여 명의 CEO와 그보다 몇 배 많은 임원을 만나고 접하면서 그들에게 공통으로 존재하는 특징이 있음을 알게 됐고, 그것들이 아마도 그들을 임원으로 만든 자질과 태도 같은 것이 아닌가 하는 유추를 할 수 있었다.

먼저 태도의 품격이다. 각 개인이 가진 기초역량 같은 것으로서 상대를 대하는 태도의 격을 얘기하는데, 여기에는 타고난 것에다 노력으로 다듬어진 것이 더해진다. 태도의 품격이 중요한 것은 좋은 관계를 만들고 좋은 성과를 만드는 동력이 되기 때문이다. 'Attitude is everything'이라는 얘기가 그래서 나온다.

주변을 보면 능력이 있거나 좋은 성과를 냈는데도 인정을 잘 못 받는 경우가 있다. 태도의 품격이 갖추어지지 않으면 그렇게 된다. 지나친 이기심이나 잘난 체, 천박함, 고집불통 등 좋지 않은 심성을 가진 사람들이 대표적인 예다. 이들과는 뭐든지 같이 하기 어렵다.

컨설팅 비즈니스에선 고객이 '갑'이 되고 컨설턴트는 '을'이 된다. '을'이 되어 프로젝트를 진행하다 보면 소위 '갑질'을 하는 고객을 간혹 만나게 된다. 프로젝트 성과를 높이기 위해 고강도의 관리를 하는 것이라면 모를까 자기 입맛에 맞지 않는다고 상식과 규정의 범위를 벗어나 지나친 요구를 하는 경우를 종종 봤다. 이런 사람들은 조직에서도 별로 인기가 없을뿐더러 지켜보면 종국에 제때 승진하지도 못하거니와 중도하차하는 경우가 많았다.

훌륭한 '갑'은 '을'을 존중하면서 '을'의 역량을 최대한 끌어내는 사람들이었다. 역량 있는 임원들은 대개 그랬다. 이들은 정중하면서도 디테일에 강했고 프로젝트의 성과를 높이기 위해 컨설턴트라는 사람을 매니지먼트할 줄 아는 사람들이었다. 상대방을 배려하며 성과를 내는 것, 그것이 가장 중요한 품격의 요체이다.

이 첫 번째 조건에 우리 회사 임원은 그렇지 않다, 또는 내 위의 임원은 성질이 더럽다고 이의를 제기하는 사람들이 있을 법하다. 그런 회사들은 멀리 내다보지 못하고 근시안적으로 임원을 선임한 경우다. 성과만 보고 임원을 선임했는데 품격에 문제가 있다면 조직이 원활히 잘 굴러갈 리 없고 그래서 그 사람은 '십 리도 못 가서 발병 날' 것이다.

L사의 K부장 사례를 보자. K부장은 직원들이 하는 일이 마음에 들지 않거나 문제가 있다고 생각하면 심하게 잔소리를 하거나 혼을 냈다. 일반적 수준의 질책을 넘어 모멸감을 느끼는 직원들이 있을 정도였다. 평판이 좋을 리 없던 K부장이 임원 진급에서 누락되는 것은 어쩌면 당연했다.

그러나 K부장은 최후 수단으로 최고의 실적에 목을 맸고 결국 실적을 인정받아 뒤늦게나마 임원으로 진급할 수 있었다. 그런데 임원이 되어서도 달라진 것은 없었다. 직원들은 힘들어했고 이들의 수근거림과 뒷담화는 담장을 넘어갔다. 결국 임원 승진 2년 만에 회사를 떠날 수밖에 없었다. 50도 채 안 된 나이였다.

둘째는 소통능력이다. 4차 산업혁명 시대가 열리고 조직이 수평화되면서 소통능력은 갈수록 중요한 요인이 되고 있다. 고객과 파트너, 상사와 부하, 연관부서와의 소통과 커뮤니케이션 능력이야말로 성과를 창출하는 핵심 요인이다. 그리고 그 사람을 특정 짓는 결정적 요인이 되기도 한다.

아무리 업무 능력이 있어도 주변과 제대로 소통하지 못하는 사람은 고립되기 쉽다. 거기다 지나치게 고집스럽거나 독재적 성향이라도 있다면 지지자를 만들지 못한다. 지지자가 없으면 다음 스텝으로 가는 길의 험난함은 말할 나위 없다.

필자가 본 H사 D부장의 사례이다. D부장은 철저하게 성과 위주로 조직을 운영했다. 직원들 얘기나 고충은 들으려 하지 않았고 자기가 정한 방향대로만 채근했다. 목표 달성을 위해 구성원들을 무리하게 밀어붙였다. 그렇게 최고의 실적을 냈다. 그러나 구성원들의 불만은 하늘을 찔렀고 D부장은 임원승진에서 탈락했다. 실적과 승진을 위해 직원을 혹독하게 다루면 직원들이 좋아하겠는가? 동기부여는커녕 직원의 원성을 산 실패한 매니지먼트였다. 다면평가 결과가 이를 말해주었다.

리더십의 핵심, 동기부여

다음으로 조직에서 리더를 맡게 된 경우 이때부터 중요해지는 요인이 있다. 바로 리더십이라고 불리는 매우 어려우면서도 중요한 역량이다. 리더십은 리더가 되기 전에 일을 잘한 것과는 별개여서 리더로서 반드시 보여주고 인정받아야 하는 역량이다.

그렇다면 리더로서 보여주어야 할 리더십의 핵심은 무엇인가? 무엇보다도 리더는 팀의 목표를 달성하고 성과를 창출하는 데 능력을 보여주어야 한다. 이는 혼자서 할 수 있는 일이 아니다. 리더와 팔로워가 함께 만들어가야 한다. 팔로워들이 얼마만큼 해주느냐가 관건이다.

그래서 팀과 팀원을 동기부여시킬 수 있는 리더십이 중요하다. 동기부여 받은 사람들의 능력은 가진 것 이상으로 발휘된다. 그것이 따뜻한 격려의 형님 리더십이든 카리스마 있는 강인한 리더십이든 어떤 것이든 괜찮다. 단, 팀원들이 충분히 동의하고 열렬히 지지해줘야 한다. 그리고 이러한 일련의 과정은 팀원들의 성장에 기여해야 한다. 다면평가에서 부하로부터 좋은 평가를 받지 못하는 부서장은 임원이 되기 어렵다.

필자와 같이 일했던 P는 팀장이 되기 전부터 임원의 포스로 일하는 독특한 스타일이었다. 그래서 동료들에겐 호불호가 있었지만 임원들에겐 인기가 있는 직원이었고, 팀장도 남들보다 먼저 되어 리더로 출발할 수 있었다.

그런데 P가 팀장이 되어 팀을 꾸릴 때 그의 독재적 성향이 문제가 되기 시작했다. 팀원 시절엔 자기주장이 강하고 밀어붙이는 힘이 좋아 보였는데 팀장이 되니 그것이 아랫사람인 팀원들에겐 좌절의 원인이 되었다. 고집불통 독재자였고 직원들은 전혀 동기부여되지 않았다. 결국에 전진 스텝이 어려워지자 자존심 상한 P는 퇴사하였고 프리랜서의 길을 갔다.

성공한 스포츠 지도자들에게서 공통으로 나타나는 것도 바로 동기부여 역량이다. 이들은 처음부터 최고로 훌륭한 선수로만 구성된 팀을 맡은 것이 아니다. 선수들과 원팀이 되어 이들의 역량을 극대화하는 리더십을 잘 발휘한 사람들이다.

두 개의 엔진, 판단력과 추진력

리더가 갖춰야 할 두 번째 덕목은 전략적인 판단력과 추진력이다. 리더는 중요한 고비마다 어떤 방향으로 가는 것이 좋을지를 판단해야 한다. 바로 전략이고 전술이다. 담당분야에 대한 경험이 쌓이고 더 많이 고민하다 보면 그렇지 않은 사람보다 더 나은 전략을 수립할 수 있다. 어디로 가야 할지 명확히 제시하는 리더에게 팔로워는 따라오기 마련이다.

이처럼 수립한 전략 전술을 계획대로 이행하는 힘이 바로 추진력 또는 실행력이다. 좋은 계획이라도 추진 과정에서 암초를 만나거나 흐트러지는 경우가 많은데 이럴 때 어려움과 위험을 먼저 파악하여 대안을 마련하는 관리력과 돌파력이야말로 리더십의 중요한 요인이다. 필자의 경험상 대기업의 임원들은 대개 추진력이 좋았다.

그 유명한 삼성의 관리력이란 말은 바로 이런 것에서 나온다. 어려움이 닥쳤을 때 이를 돌파하는 힘이 없다면 그다음 스텝에 대한 우려를 자아낼 수 있다. 남들이 1년 걸려 하는 것을 6개월에 하겠다고 무리한 계획을 세울 수 있는 것도 추진력의 뒷받침 없이는 불가능하다. 실제 스마트폰 출시에서 애플의 아이폰보다 2년 이상 늦었던 삼성이 애플을 따라잡을 수 있었던 요인은 삼성 특유의 추진력이었다고 한다.

필자는 당시 삼성전자 임원을 만나 '삼성의 힘'과 관련된 대화를 나눈 적이 있다. 그의 말에 따르면 삼성은 애플의 아이폰에 맞서 '옴니아'라는 첫 스마트폰을 내놨는데 경쟁력을 갖추지 못해 소비자로부터 외면받게 되자 거의 불가능한 납기를 맞추며 신모델을 출시하여 애플을 따라잡았다고 한다. '삼성의 힘은 정해지면 모두가 힘을 합해 돌파하는 추진력의 힘'이라는 것이 그의 주장이었다 (그의 말을 정확히 옮기면 '까라면 깐다'였다).

마지막 남은 관문

앞에서 말한 대로 임원의 길로 들어서기 위해서는 개인적인 측면에서는 태도의 품격과 소통능력, 조직의 리더로서는 동기부여의 리더십 위에 판단력과 추진력이 중요하다. 실적은 '운'

을 제외하면 궁극적으로 이런 역량들의 결합에서 나온다. 그래서 이런 역량이 잘 갖춰지면 꼭 최상위 실적이 아니어도 임원의 자격이 있다고 보는 것이다.

이와 같은 가장 상식적인 길 이외에 또 다른 임원의 길을 굳이 얘기하자면 '아부의 길'이다. 상사의 가려운 곳을 잘 찾아 긁어 주면서 상사가 듣기 좋은 얘기로 피드백해 주면 대개 상사가 좋아하기 마련이다. 이러한 역할을 잘해 간혹 임원의 길이 주어지는 것을 봤다. 단 이 길로 가려면 자신의 성향이 이에 맞아야 하며, 지지자가 없는 외로움을 잘 견뎌내고 말로가 별로 좋지 않을 수 있음을 감내해야 한다.

직장에서 상사와 합을 맞추는 것은 직장인의 숙명이어서 상사가 자신을 부정적으로 볼 여지가 있으면 안 된다. 다른 것을 잘 갖췄다 해도 의사결정자가 'I don't like you' 하면 임원의 길은 요원해질 수 있다. 싫다는데 어쩔 것인가. 그러니 상사에게 리젝트당할 요인을 만들지 마라.

그리고 마지막으로 첨언하자면 임원이 되기 위해 노력하는 것과 임원이 되는 것은 별개이다. 노력만큼 임원이 될 수도, 안될 수도 있기 때문이다. 또 임원이 된다고 하여 직장생활이 영원히 꽃길로 가는 것도 아니요, 반대로 임원 진급이 안 됐다 하여 상황이 끝나는 것도 아니다.

노력의 결과는 다른 곳에서 얼마든지 꽃을 피울 수 있다. 길은 어디에도 있는 만큼 어느 길을 가든 담대함과 겸손이 필요하다.

승진하는 임원의 다섯 가지 유형

연말 인사 시즌이 되면 언론에서는 CEO를 비롯한 임원인사에 대한 보도가 줄을 잇는다. 연말은 한 해를 마무리하고 새해를 준비하는 만큼 조직과 인사를 다듬는 시기다. 임원인사와 함께 일반 직원에 대한 인사도 있기 마련이어서 직장인들에게도 기대 반 걱정 반의 마음을 졸이는 시기가 된다.

대기업에서 임원이 되는 길은 좁다. 앞선 글 '부장의 길, 임원의 길'에서 언급한 것처럼 신입으로 입사하여 나중에 임원이 되는 경우는 채 1%도 되지 않는다. 대기업 입사의 관문을 뚫는 것도 요즘은 수백 대 일의 경쟁을 거쳐야 하는데 거기서 20여 년을 성공적으로 지내다 임원의 반열에 오르기는 더더욱 어렵다. 임원이 되기까지 얼마나 지난한 세월을 거쳤을까를 생각하면 정말 한없는 축하를 보낼만하다. 임원이 되었다고 해서 직장생활의 모든 것이 해결되는 것은 아니건만 그 시점만큼은 인생의 가장 화려한 순간 중 하나임엔 분명하다.

이렇듯 연말이면 반복되는 임원인사를 보면 기업에서 과연 어떤 사람이 임원이 되는지를 생각해보게 된다. 누구는 임원이 되고 어떤 이는 임원이 되지 않는지 궁금하지 않은가? 임원으로 승진하는 유형을 크게 다섯 가지 유형으로 분류해봤다. 수백 명이 넘는 대기업의 임원들을 접해본 경험치에 그간 귀동냥으로 들은 소문까지 얹었다 .

임원으로 승진하는 사람들

첫째는 당연히 실적형이다. 기업에서 인사평가는 실적과 태도를 중심으로 보는데 직급이 올라갈수록 실적의 비중이 커진다. 실적이 좋은 사람이 그렇지 않은 사람에 비해 승진을 잘하는 것은 인사관리의 첫 번째 원칙이다. 이것이 무너지면 안 된다. 그래서 기업은 실적이 좋은 사람에게 승진의 우선권을 준다.

"'역대급 실적' 은행권 임원인사 코앞"과 같은 기사에서 보듯 특히 금융권은 승진에서 실적을 중시한다. 금융계에서 실적이 좋은 사람이 승진 우선순위에 있는 것은 불문율처럼 되어있다. 그리고 실적은 반드시 숫자만이 아니다. R&D분야는 기술개발로, 전략이나 재무분야는 신사업이나 M&A 등으로, IT분야는 요즘 같으면 디지털 혁신으로 평가받는다. 분야별로 좋은 성과를 낸 사람이 승진하는 것이 맞다.

두 번째는 종합평판 우수형이다. 그간 맡아왔던 영역에서 어떤 성과를 냈으며 그때마다 전후좌우의 평판은 어땠는지 등을 종합적으로 본다. 이는 역량과 품격이 더해진 실력의 결과를 평가하는 것이다. 그래서 상위에 있거나 비교우위이면 그만큼 임원의 길도 가까이에 있다. 특별하게 탁월한 실적이 있는 사람을 제외하면 임원은 대부분 이 유형에서 탄생한다. 종합평판 우수형도 실적에서 최소 무난한 성과를 거둬야 임원 승진이 되는 것이 기본임은 말할 나위 없다. 그래서 실적이 뒷받침된 두 번째 유형이야말로 기업이 가장 높게 평가하는 인재형이다.

세 번째 유형은 성골형이다. 그룹 본부나 기획실에서 전략이나 인사, 기획, 재무 업무를 거친 사람들이다. 사내에서도 핵심

부서에서 일한 사람들이 여기에 해당한다. 이들도 역량을 인정받아 핵심부서에 배치받았을 가능성이 높은 만큼 질투할 것은 아니다. 간혹 좋은 학력이란 백그라운드가 성골이 되는 기업도 있는데 긍정적인 현상은 아니다. 이처럼 성골의 커리어를 갖게 되면 성과의 영향과 함께 선배 성골들이 끌어주는 영향이 크다. 삼성, LG, 롯데, 한화 그룹 등은 그룹 본부에서 일한 사람들의 임원 승진율이 월등 높다고 한다.

네 번째는 윗사람을 모시는 탁월한 능력의 보유자이다. 이들은 상사의 기분을 잘 맞추는 기발한 능력이 있다. 보통 아부나 아첨을 떤다고 얘기도 하지만 그것과는 다르다. 상사는 일반적으로 실적이 좋은 사람이라도 자기에게 불편한 얘기를 하는 부하직원을 별로 좋아하지 않는다. 편한 사람, 코드가 맞는 사람, 가려울 때 긁어줄 줄 아는 사람, 나아가 내 얘기에 귀 기울이며 장단 맞춰 주는 사람이 좋은 것이다. 그러니 실력도 없고 성골도 아니라면 이 길을 생각할 수 있는데 경험상 이것도 타고나야 한다.

다섯째 집사형이다. 보통 오너 CEO가 있는 기업에서 오너의 공적인 것부터 사적인 영역까지 살뜰히 챙겨주는 역할을 하는 집사 같은 사람들이 있다. 핵심 측근이라고 불리기도 한다. 오너 입장에선 공적이든 사적이든 뭐든지 믿고 맡길만한 사람이 필요하기 마련인데 그 자리를 꿰찬 사람들이다. 성실과 충성심은 기본이다. 얼마전 GS그룹의 임원인사 발표 때 'GS 오너가(家) 집사'란 기사가 있었는데 이는 GS뿐만 아니라 오너가 있는 우리나라 기업에서는 흔히 있는 일이다.

당신의 한 방은 무엇인가

자, 그러면 당신은 어떤 유형인가? 대부분은 실적도, 종합평판도 갖추길 바랄 것이며 가능하면 상사에게 아부는 아니어도 기분 좋게 할 능력도 갖추고 싶을 것이다. 그러나 확실한 한 방이 없으면 임원 승진에서 탈락할 수 있다. 실적이든, 종합평판이든, 성골이든, 아부든, 집사든 확실한 한 방을 갖춰야 한다. 그리고 나머지 요인은 리스크 관리 차원에서 접근해야 한다. 확실한 한 방도 마이너스 요소를 안고 있으면 선택에서 제외될 수 있기 때문이다.

그러니 방향을 정해야 한다. 직장인이라면 대부분 방향이 분명하다. 실적이나 종합평판으로 인정받는 것이다. 직장에선 7할 이상이 그 방향에서 임원이 된다. 누군가는 운칠기삼(運七氣三), 운칠복삼(運七福三) 등을 얘기하며 운이 따라야 한다지만 실제 실력이라는 기반이 되어 있지 않으면 임원 승진 후보로 노미네이트조차 되지 않는다.

그래서 실력으로 보여줄 것이 없는 사람 중에서 이상한 방향으로 똬리를 틀어 자신의 영향력을 키우는 사람들이 있다. 그렇게 하지 않고는 앞길이 흐릿하기 때문이다. 어쩌면 네 번째, 다섯 번째 유형의 방향일 것이다. 그렇다고 하여 이에 대해 뭐라고 얘기할 것은 없다. 사람이 자기가 잘하는 것을 중심으로 능력껏 가는 것 아닌가! 그리고 수요가 있으니까 그러한 공급을 통하여 자신의 위상을 높여가는 것인 만큼 그것도 타고난 재주로 볼 수 있다. 인정해야 한다.

그럼 보자. 타고난 재주가 있지 않은 한 이와 같은 유형으로 임원이 되는 길은 요원하고, 또 성골이 아니라면 결국 첫 번째나 두 번째 길로 성장해야 한다. 자신의 실력으로 앞을 헤쳐가는 길 말이다. 그 길이야말로 가장 떳떳하고 자부심 있게 갈 수 있는 길이 아니던가.

잠 못 이루는 임원의 세계

2014년 12월 24일, 크리스마스를 하루 앞둔 날 오후였다. 인터넷 기사를 검색하다 눈에 번쩍 들어오는 헤드라인을 발견했다. '메리츠화재 임원 절반 해임'이라는 기사였다. 기사를 보니 헤드라인 그대로 5대 손해보험사 중 하나인 메리츠화재에서 크리스마스를 앞두고 갑자기 대표이사 사장이 사의를 표하고 30명 안팎의 임원중 반씩이나 해고했다는 내용이었다. 다음은 이 날 인터넷에 올라온 기사다.

메리츠화재가 임원의 절반을 해임하는 파격적인 구조조정을 단행했다. 이 과정에서 메리츠금융지주와 의견이 충돌한 남재호 메리츠화재 사장은 사의를 표명했다. 보험사의 경영환경이 날로 악화하고 있다지만 한 회사에서 이처럼 임원 절반을 해고하는 것은 전례가 없는 일이다.

24일 보험업계에 따르면 메리츠화재는 23일 14명의 임원에게 계약해지를 통보했다. 기획홍보, 기획총괄, 신채널, 손해사정 담당 등 경영지원라인이 대거 포함됐다. 이번 임원 구조조정은 비밀리에 전격 단행됐다. 보험업계 관계자는 "남 사장이 이번 임원인사에서 퇴임은 없다고 공언했고 오히려 상무보에서 상무로 승진하는 사례가 있을 것이라는 기대가 나올 정도였다"며 "특히 본사 경영지원 쪽 임원이 대거 아웃된 것에서 알 수 있듯이 라인 갈등은 아닌 것 같다"고 말했다.

남 사장은 임원 구조조정에 앞서 지주에 사의를 표명했다. 지주와의 의견 갈등에 따른 것으로 보인다. 메리츠화재 사정에 정통한 소식통은 "지난 19일 지주 주최 임원송년회에서 남 사장은 반대의견을 표명했지만, 지주가 그대로 감행했다"며 "남 사장 입장에서는 차포를 떼인 상황에서 정상적인 경영활동이 어려울 것"이라고 말했다.

메리츠화재가 30명의 임원중 1/2에 달하는 14명의 임원을 감축함에 따라 일반 직원들을 대상으로 하는 구조조정도 불가피할 것으로 전망된다. 메리츠화재 내부에서는 200여 명가량의 인원 감축이 뒤따를 것이라는 소문이 돌고 있다.

너무 생뚱맞고 갑작스러운 소식이었다. 특히 이 회사는 필자와 업무 관계가 꽤 있었던 터라 더욱 그랬다. 그래서 뉴스를 접하자마자 바로 내용을 파악하였는데 사실이었다. 이 일로 업무 파트너였던 임원도, 그리고 필자의 고등학교 동창 친구도 해임되었다. 12월 23일에 통보를 받았다고 하며 짐을 싸고 회사를 떠난 날이 그다음 날인 크리스마스이브였다. 아무리 임원이 계약직이라지만 보기 드문 안타까운 일이었다.

임원은 우스갯소리로 '임시직 직원'의 준말이라고들 한다. 그만큼 언제 그만둘지 모른다는 뜻이다. 위의 예는 극단적인 사례를 보여주는 듯하지만, 삼성그룹에서도 임원승진 발표 하루 전날 퇴임이 확정된 임원들에게 통보를 해주고 다음 날에 짐을 싼다고 하니 대개 마지막 순간의 모습은 비슷한 것 같다. 그래서 임원들은 연말 승진시즌만 되면 잠 못 이루는 밤을 보내기 일쑤다.

성공의 상징, 임원

그렇지만 임원은 누구나 가보고 싶은 직장인의 가장 큰 로망이다. 임원이 된다는 것은 직장생활의 성공을 대표적으로 상징하며, 업무적으로나 경제적으로 한 단계 도약할 기회가 주어지기 때문이다. 또 임원이 되어야만 그 이후 삶에 대한 더 큰 꿈도 꿀 수 있지 않은가.

삼성의 반도체 신화를 일군 『초격차』의 저자 권오현 회장도, 신한금융지주의 조용병 회장도, 고졸 CEO의 신화를 만들어 낸 LG전자의 전 조성진 부회장 등 이 시대 대표적인 CEO들도 평직원부터 시작하여 초임 임원을 거쳐 정상의 자리에 올랐다.

그러나 임원이 된다고 해서 누구나 그다음 스텝으로 전진하는 것은 아니다. 실제로 임원으로 승진했어도 몇 년 만에 회사를 떠나거나 다음 직급으로 승진하지 못하고 그만둬야 하는 사람이 훨씬 많다. 기업 경영평가사이트 「CEO스코어」가 우리나라 10대 그룹 임원의 승진과 퇴진을 조사한 바에 따르면, 퇴임 임원의 평균 재직기간은 5.2년, 그때 나이는 54.5세였다고 한다.

이같은 사실은 임원으로 승진했다 하여 앞날이 보장되는 것이 아니라 거기서부터 새로운 생존 전쟁이 시작됨을 의미한다. 또 이러한 조사결과가 전체 임원에 대한 평균임을 고려하면 초임 임원으로 재직하다 퇴임하면 재직기간이 이보다 짧고 그때

나이도 54.5세에 미치지 못할 것이다. 그러니 임원이 되어 펼치는 생존경쟁은 더욱 치열할 수밖에 없다.

그러나 평직원으로 남아 있다 하여 정년을 보장받는 것도 아니고 또 언제 퇴진의 압박을 받을지 모르기에 대부분의 직장인은 더 높은 곳을 향해 나아가는 것이 보통이다. 최근 일부 기업이 정년을 보장해주는 방향으로 가고 있지만 그렇다 해도 임원의 길을 일찍이 포기하는 사람은 별로 없다. 전진 욕구가 사라진 사람, 머물러 있는 사람에게 회사가 긍정적으로 평가할 리없으며 개인적으로도 무기력해질 것이기 때문이다.

그래서 임원의 짧은 재임 기간과 관계없이 많은 사람이 임원이 되고자 노력하는 것은 당연한 욕구이다. 또 그 길을 거쳐 더 높은 곳으로 오르고, 더 많은 것을 이루고자 하는 욕구로 이어지는 것이다. 그런 도전은 직장생활의 동기부여가 된다. 챕터5_두 번째 글 '부장의 길, 임원의 길'에서 살펴본 것처럼 임원이 되면 달라지는 것들도 많다.

임원으로 승진한다는 것은 직장생활의 날개를 다는 분수령이된다. 그리고 그 날개를 더욱 펄럭이며 창공을 향해 힘차게 비상할 기회가 주어진다. 심리적으로나 경제적으로 더욱 풍성해지는 것이다.

그런데 반대로 앞으로 헤쳐나갈 일들은 그 격과 급이 부장 때와 엄청 다르다. 책임의 범위가 커지면서 여러 고민으로 잠 못 이루는 날들이 많아진다. 그렇다면 무엇이 이들을 잠 못 이루게 하는 것인가?

커지는 스트레스

첫째는 실적에 대한 압박이다. 이는 부장급일 때 받는 것과는 차원이 다르다. 실적이 좋지 못하면 다음 직급으로의 승진은 기대할 수도 없거니와 임원 재임 기간 자체가 짧아질 수 있다. 임원은 보통 매년 연말이면 실적을 평가하여 재신임을 받는데, 특정하게 임기가 주어지는 경우가 있겠지만, 그런 경우도 드물고 또 그것과는 상관없는 것이 임원의 임기이다. 대기업에서 임원승진하고 4년 차가 되기 전에 반 이상이 그만둔다고 하는데 임원들이 받는 실적 스트레스를 짐작할 만하다.

두 번째는 직원들의 잘못에 대한 책임도 져야 한다는 사실이다. 필자가 임원 첫해 발생한 여직원 공금 횡령 사건으로 인해 인사상 불이익을 크게 받은 바 있는데, 바로 그와 같은 일에 대해서도 책임을 져야 한다. 타부서에서 전근해 온 여직원이 이전 부서에서부터 공금을 횡령해오다 부서가 바뀌자 우리 부서에 와서도 횡령을 하여 이전 부서의 공백을 메꾸었는데, 그 일로 필자와 담당 팀장이 감호처분(호봉을 깎는 징계)이라는 중징계로 책임을 진 것이다.

이처럼 휘하 누군가가 잘못을 범하면 리더로서 책임을 져야 한다. 최근 발생한 포스코의 여직원 성폭력 사건에서 관련 임원들이 경고나 감봉 등 솜방망이 처벌을 받은 것은 이해할 수 없는 가벼운 징계였다. 이 징계가 사회적 비난을 초래하는 이유다. 군대에서 보면 일선의 사병들에게 구타 등 문제가 생기면 상급 지휘관이 책임을 지는 것과 같은 이치다.

세 번째는 다음 직급 승진에 대한 스트레스이다. 보통 상무라는 초임 임원에 진급하면 다음 직급인 전무까지 가는 과정이 있는데, 상무 4명 중 1명 정도만 전무로 진급한다고 한다. 상무라는 직급 내에서도 두 단계가 있어 그 단계에 이르지 못하고 탈락하기도 하며, 거기를 넘어섰어도 전무까지 진급하는 길은

25% 정도의 비율밖에 되지 않는다. 전무에서 부사장 가는 길도 세 명 중 1명 정도, 부사장에서 사장에 이르려면 하늘이 점지해야 가능하다고 한다.

그러니 임원들이 받는 진급 스트레스는 얼마나 심하겠는가? 상무에서 전무로 진급하지 못하면 옷을 벗게 되는데, 그 나이가 50대 초반에서 중반인 경우가 많다. 진급에 목매지 않을 수 없는 것이다. 승진하려면 성과도 좋아야 하고, 직원들도 문제없어야 하며, 평판과 충성심도 상위권에 있어야 한다.

그런데 필자는 성과를 내고도 진급하지 못한 채 회사를 떠난 많은 이들을 보아왔다. 삼성은 임원승진 발표 전날 대표이사실에 들어가 그동안 수고했다며 퇴임을 통보받는다고 하는데, 그런 임원들 다수가 필자가 보기엔 한결같이 유능하고 성실하며 책임감이 강한 사람들이었다. 임원 자리를 늘릴 수 없고 또 후배들에게 기회를 줘야 하는 기업의 현실 속에서 언젠가는 맞닥뜨려야 할 운명이다.

초임 임원의 단계를 넘어 다음 직급으로 가려면 필자가 앞에서도 강조했듯 자기만의 깃발을 임팩트 있게 꽂는 도전을 해야 한다(챕터2_세 번째 글 '혁신과 도전으로 나만의 깃발을 꽂아라' 참조). 도전하지 않고 전임자가 해왔던 일을 안정적으로 하면 집에도 안정적으로 간다는 사실을 기억해야 한다.

네 번째는 힘든 일, 도전적인 일을 맡아서 해야 한다는 사실이다. 예컨대 새로운 시장이나 고객을 개척해야 하는 일이다. 해외 시장을 개척하는 일이나 빅 클라이언트를 새로운 고객으로 만드는 역할을 누구에게 책임을 맡기겠는가? 당연히 임원이 진두지휘해야 한다. 그래서 그 어려운 일을 수행한 결과를 성과로 인정받아야 한다. 직원들을 전쟁터에 내보내고 뒤에서 보고나 받고 결재만 하는 임원은 다이나믹한 시대를 살아가는 4차 산업혁명 시대에 어울리지 않는다.

신사업이라 불리는 새로운 사업 영역을 개척하는 일도 마찬가지다. 임원이 앞장서서 전략을 수립하고 실행해야 한다. 뒤에서 서성이며 말로만 채근하는 임원은 아무도 좋아하지 않고 인정하지 않는다.

새로운 도전의 시작

임원이 된다는 것은 새로운 삶이 열리는 기쁨과 함께 새로운 도전이 시작되는 길목이 된다. 그리고 임원으로 산다는 것은 회사에서 중추적인 역할을 한다는 뿌듯함과 함께, 책임감과 다음 스텝에 대한 고민으로 인해 수많은 잠 못 이루는 밤을 맞이하는 삶이다. 권한과 책임이 양면이듯, 임원으로서의 삶이 주는 자부심과 고뇌도 양면이 된다.

임원의 삶에 대해서는 2021년 발간된 『임원으로 산다는 건』이라는 책(저자 : 고광모 외)을 참고할 만하다. 현직 임원 20명에 대한 생생한 인터뷰를 담고 있는 이 책은 임원이 되는 준비과정부터 임원이 된 이후 성과를 창출하는 리더십과 겪게 되는 스트레스까지 다양한 관점을 조명하고 있다.

임원으로 승진하는 것은 너무 기쁘고 보람차고 자부심 있는 일이지만, 임원이 되어 가는 길은 이처럼 역동적이고 기회와 위기가 분명한 길이기도 하다. 그래도 평직원을 넘어 임원의 세계에 들어가 보고 싶은 것은 직장인이라면 누구나 갖는 소망이다. 그리고 누군가는 임원을 거쳐 정상에 올라간다. 임원으로 승진하는 것은 그 출발점이 된다.

그런데 설령 정상에 이르지 못하고 중간에 하차했다 하여 그 누가 성공하지 못한 직장생활이라고 감히 얘기하겠는가? 임원

승진 그 자체만으로도 1% 안에 들어가는 좁은 길을 성공적으로 통과한 것이다. 또 임원의 삶에 잠 못 이루는 숱한 날들이 있다 해도 겁낼 것 하나 없다. 다 견디고 이겨내며 가는 것이다. 그때까지 올 때도 이미 숱한 날들을 이겨오지 않았던가!

나의 고객 중엔 삼성그룹 기업들도 제법 많았다. 삼성그룹과의 교류는 대개 업무 관련 분야 임원들과의 교류가 대부분이었다. 여기에 소개하는 케이스는 그중 대표적인 네 명의 임원과의 인연을 추린 것이다. 이들은 이 땅의 롤 모델이 될 수 있는 대표적인 임원이었으며, 내게 귀한 경험을 준 분들이다. 혹시 누가 될지 몰라 가명을 썼다.

이들의 공통점은 업무에서만큼은 철두철미하고, 실적으로 목표를 달성해야 하는 치열한 삶인데도 젠틀함을 전혀 잃지 않고 품격이 있다는 점이다. 일에서도, 고객 관계에서도 최선을 다하며 살아가는 모습이었다. 여기서 예를 드는 골프나 산행, 술자리는 그것이 또 다른 일일 수도 있겠으나 최소한 그 치열함을 잠시 잊는 그들만의 치유법일지 모른다.

이들은 모두 탁월한 역량과 리더십을 가지고 있었으나 대기업의 인사 기준상 어느 시점에서는 자리를 후배에게 물려주고 떠났다. 누구는 부사장에서, 누구는 전무에서, 누구는 상무에서 마침표를 찍은 것이다. 그것이 임원의 삶이기도 하지만 충분히 성공한 직장생활이었음은 분명하다.

1. 진정한 삼성인, 삼성전자 전무

삼성전자의 강호림(가명) 전무와의 만남은 처음부터 긴장이었다. 그것은 입사한 지 몇 년 되지 않은 초년 시절에 일본에서 온 부품업체 임원들을 설득하여 미션에 성공했다는 그의 얘기를 듣고 나서였다.

강 전무는 미팅을 앞둔 전날에 이들을 환영하기 위한 저녁 식사 자리를 마련했다고 한다. 그는 2차에 걸쳐 이들을 최고로 환대하며 극진히 모셨고, 다음 날 구매 미팅에서는 의도한 대로 어렵지 않게 결론을 냈다. 말로만 듣던 쌍팔년도 시절 얘기다.

첫 만남에서 이 이야기를 들으니 강 전무의 스타일이 대체로 짐작이 됐다. 업무에 철두철미한 목표 지향적인 사람이라는 것을 간접적으로 암시해주는 것 같았다. 하기야 삼성전자에서 전무까지 올라간 고위 임원이면 빈틈없는 스타일에 업무에서 좋은 성과를 내며 거기까지 왔음에 틀림이 없다.

그래서 술을 마시면서도 취할 정도로 마시지 말아야겠다는 생각이 들었고 술김에 언행에 실수가 없게끔 유념해야

겠다고 생각하니 조심스러웠고 다소 긴장도 되었다. 강 전무는 술 마시는 속도가 빨랐는데 보조를 맞추다 보면 그만큼 취기가 빨리 오르고 나도 모르게 실수할 수 있기 때문이었다.

무슨 특별한 목적이 있어 술자리를 마련한 것은 아니었지만 우리는 삼성전자로부터 리서치 프로젝트를 발주 받아 일하고 있어서 나는 그쪽 책임자와 인사를 나누고 싶었다. 그리고 기회가 되면 더욱 많은 일에 참여하고 싶었고 그러려면 좋은 관계도 필요했다.

반면 그쪽에서는 우리가 업무 파트너로서 그들의 일을 제대로 해주기를 바라는 '갑'의 입장이면서도 KMAC(한국능률협회컨설팅)가 연중 시행하는 자사 제품이나 서비스에 대한 진단평가에 관심이 있어 양사 임원 간에 식사 자리가 가능했다.

강 전무는 전무 승진 후 부임한 센터장 자리에만 7년 가까이 있었는데 나와는 이러한 업무 관계에다 호흡도 비교적 잘 맞아서 일 년에 한두 차례 식사 자리를 갖곤 했다. 그는 식사 자리에서 우리 쪽에서 결제하는 것을 절대 못 하게 했다. 외부로부터 식사를 포함한 접대를 받지 않는 것이 회사의 규정이라는 것이다. 일반적으로 '을'이 '갑'을 접대하는 것이 관례인 것에 비하면 다른 모습이었다.

크지 않은 체구인 강 전무는 젠틀하면서도 카리스마가 있었다. 좌중을 끌어가는 방식이나 동반한 직원들을 대하는 태도가 부드러우면서도 절도가 있었다. 술을 많이 마셔도 자세가 흐트러지지 않았다. 그리고 일에 대한 자신감이 넘쳤다.

언젠가 새로운 일에 대한 기회를 얘기하려고 작심을 하고 나간 날, 술자리가 마무리될 무렵 둘만 있는 틈을 타서 어렵게 얘기를 꺼냈다.

"전무님, 지금 다른 회사와 진행하는 글로벌 프로젝트에 KMAC가 참여할 기회를 주시면 감사하겠습니다. 전무님도 아시다시피 그쪽 분야라면 우리가 더 잘할 수 있을 것 같습니다."

"부사장님, 지난번에도 한 번 그 얘기 해서 내부적으로 검토를 해봤는데 다른 회사에서 하는 것을 돌리기는 쉽지 않습니다. 그러지 말고 새로운 다른 기회를 찾아보시죠. 우리도 필요한 영역이 있고, KMAC도 이쪽에 전문성이 있으니 우리에게 필요한 것이 있다면 언제든지 제안을 해주세요."

그다운 대답이었다. 사실 다른 회사에서 진행하는 프로젝트를 특별한 계기도 없이 우리 쪽으로 가져오기는 어렵다. 총괄 임원이라고 해서 명분 없이 타사가 진행하던 프로젝트를 다른 회사로 바꾸라고 명령할 수 없다. 차라리 가치가 있는 새로운 프로젝트를 만드는 것이 더 좋다.

나는 그러한 그의 말에 미안하기도 하고 고맙기도 했다. 그동안 업무를 통해 맺어온 인연과 우리에 대한 전문성을 두루 고려한 답변이었다. 이후 우리는 강 전무 말대로 품질 차원에서 글로벌 역량 강화를 위해 필요하다고 생각되는 여러 아이디어를 제언했다.

삼성전자는 글로벌 시장에서 제품과 서비스의 품질에서 확고한 1위가 되고자 노력했고 그 과정에서 만들어진 프로젝트에 KMAC도 일부 참여 공간이 만들어졌다. 매년 관련된 리포트를 만들어 실무에서부터 총괄 임원인 강 전무에게까지 보내면서 마침내 새로운 기회가 주어진 것이다.

일에서 늘 철두철미했던 강 전무는 아쉽게도 부사장에 진급하지 못하고 회사에서 퇴임했다. 능력과 열정, 그리고 기여와 공헌도로 따지면 충분히 부사장에 진급하고도 남음이 있을 것이지만 삼성전자라는 큰 회사의 인사기준에 따라 퇴임한 것이다. 그에게 멋진 인생 2막을 기대하는 이유다.

2. 목표는 꼭 달성해야 한다,
삼성화재 부사장

삼성화재와는 여러 비즈니스를 많이 해서 만났던 임원들이 많은 편이다. 그중 고영신(가명) 부사장과는 특별한 인연이 있다. 우리는 처음에 고객 관계로 만나서 나중에는 서로 의기투합해 설악산 대청봉에 같이 오른 남다른 사연이 있기 때문이다. 그 산행에 나의 아내도 동행했으니 더욱 그렇다.

사연인즉 이렇다. 고 부사장과 연초에 저녁 식사를 하게 되었는데, 그 자리엔 고 부사장의 부하직원이자 나의 고교 친구인 장 부장, 그리고 나와 같이 일하는 김희철 상무가 배석했다.

여러 얘기를 하던 중 등산 얘기가 나왔는데 고 부사장과 나만 설악산 대청봉에 올라가보지 않았고, 두 사람은 대청봉은 물론 지리산까지 등반 경험이 있었다. 고 부사장은 나이가 더 들면 설악산에 갈 수 없다며 내게 같이 가지 않겠냐고 권유를 했다.

식사 자리에서 가볍게 나온 얘기라 "좋죠, 시간 되면 언제

같이 가시죠" 하고 부담 없이 얘기했는데 고 부사장은 바로 수첩을 꺼내더니 일정을 잡자고 하였다. 그렇게 하여 몇 개월 후로 일정을 잡게 되었다.

7월 초 금요일 밤에 속초에서 만나 1박을 한 다음 토요일 새벽부터 등반을 시작하여 대청봉에 오르고 일요일에 서울로 돌아오는 일정이었다. 설악산을 다녀온 후엔 지리산도 같이 가기로 했다.

그렇게 약속은 했지만 정말 대청봉에 같이 갈 수 있을지 반신반의했다. 2박 3일이란 시간을 낼 수 있을지 자신이 없었고, 대청봉에 오르려면 청춘이 아닌지라 사전에 몸을 만들어야 하는데 그것도 만만치 않은 일이었다.

그러던 어느 날, 등산 일정으로부터 한 달여 남은 날쯤 삼성화재의 장 부장으로부터 연락이 왔다. 고 부사장이 대청봉에 등반하기 전 사전 모임으로 만나자는 것이다. 내심 계획이 취소되길 바랐으나 약속인 만큼 어쩔 수 없이 만나서 등반 계획을 짰다. 대청봉에 안 가봤던 아내도 이번 기회 아니면 영원히 대청봉엔 갈 수 없을지 모른다며 같이 가고 싶어 해 고 부사장의 양해를 얻었다.

드디어 약속한 7월 초 금요일 저녁 늦게 한화 콘도에 다

같이 모였다. 다시금 등반 계획을 공유하고 다음 날인 토요일 새벽 출발지점인 오색약수터로 이동했다. 여름이었지만 이른 아침이라 선선한 편이었고 공기도 좋은 화창한 날씨였다.

나와 아내는 평생 이런 등반이 처음이라 긴장도 되고 한편으로 가슴도 설레었다. 고 부사장은 우리보다 연배가 꽤 있음에도 평소 운동으로 몸을 단련해서인지 앞장서서 올랐고 발걸음도 가벼워 보였다.

아내와 나는 등반을 앞두고 집 근처의 아차산을 몇 번 돌며 등산을 위한 몸을 만들었는데 아차산과 설악산은 완전 달랐다. 지금 생각하면 아차산 등반으로 설악산 등반의 몸을 만든다고 생각한 것 자체가 우스웠다.

대청봉에 오르고 설악동으로 내려오는 12시간의 산행이 힘들긴 했지만 고 부사장이나 나나 대청봉을 처음 올랐다는 뿌듯함에 견딜만한 산행이었다.

그러나 문제는 아내였다. 아내는 올라갈 때는 네 시간여를 큰 무리 없이 올라갔으나, 내려오는 길 막바지에 이른 마지막 두 시간 동안은 체력이 바닥나고 무릎 근육이 풀려 거의 내게 몸을 의지하다시피 하며 내려왔다. 그날의 고생이 얼마나 컸던지 아내와 나는 그 이후로 500m 이상 되는

산은 오르지 말자고 결심할 정도였다.

우리는 힘든 산행을 마치고 종착지인 설악동에서 하산주를 마시며 성공적인 등산을 서로 격려하고 축하하였다. 고 부사장은 대청봉 등반이 너무 좋았다며 다음엔 지리산에 꼭 가자고 했다. 지리산도 정상에는 안 가봤기에 가고 싶은 마음이 있었지만, 고생할 일이 지레 걱정되어 일정을 차일피일 미루다가 결국은 가지 않았다.

고 부사장은 오차가 없다고나 할까 너무 반듯한 사람이었다. 평생을 치열하게 살면서도 젠틀함을 잃지 않았다. 또한, 한번 한 약속은 지켜야 한다는 신념을 가진 분이었다. 그리고 목표는 꼭 달성해야 한다는 신념도 아울러 갖고 있었다. 삼성에서 부사장의 지위까지 오른 분의 확고한 DNA였다.

삼성화재 자회사의 대표를 맡아 임기가 다 되어 회사를 떠날 무렵에는 방송통신대에 편입하여 일본어를 공부하던 그 총총하고 사려 깊어 보이는 또렷한 눈망울이 다시금 보고 싶다.

인생 2막에 대한 염려와 기대가 동시에 교차하는 가운데 30여 년의 직장생활을 마감한 인생 선배의 뒷모습을 보면서 인생 2막은 더욱 평안하고 기쁨이 넘치는 삶이 되었으면 하는 바람을 고 부사장에게 갖는다.

고 부사장뿐만 아니라 이 땅에 인생 2막을 살아가는 모든 퇴직자에게 그런 기쁨과 설렘이 있기를 소망한다.

3. 열정과 성실의 본보기,
삼성에버랜드 상무

삼성에버랜드 - 지금은 삼성물산 리조트사업부 - 의 지종수(가명) 상무는 업무를 통해 가장 먼저 만난 삼성의 임원이었다. 산업계 CS관련 임원 모임으로 KMAC가 만든 CS평의회의 초대 의장을 지 상무가 맡으면서 우린 가까워졌다. 나는 이 모임의 간사였기 때문이다.

지 상무는 일 년 365일을 매일 출근했다고 한다. 그의 일터가 일 년 내내 문을 여는 테마파크이기 때문이기도 하지만, 업무에 대한 그의 열정과 책임감이 남달랐기 때문이었다. 테마파크 성격상 주말에는 현장에 내장객이 많아 쉴 수가 없어서 주중에 쉬어야 하는데, 주중에도 쉬지 않고 습관처럼 출근했다고 한다.

또 그의 말에 의하면 거의 매일같이 술을 마셨다. 인사담당 임원으로 있을 때나 현장 책임자로 있을 때 고생하는 직원들과 소통을 위해 업무가 끝난 후 식사 자리를 많이 가졌다.

CS평의회 임원 모임이 아침 일찍 라운딩으로 있는 날엔

술이 덜 깬 모습으로 나타나곤 했다. 그리고 라운딩이 끝나면 또 모임의 좌장으로 자리를 주도했다. 어떻게 저렇게 제대로 된 휴식도 없이 일할 수 있을까 싶을 정도였고 한편으로 걱정이 되기도 했다.

한번은 오크밸리에서 CS평의회 임원 워크샵을 했다. 금요일 오후 라운딩을 하고 토요일 오전에 세미나를 하는 1박 2일 일정이었다. 일터를 잠시 떠나 학습 모임도 하며 친목을 도모하는 여유로운 워크샵이었다.

금요일 저녁 라운딩을 마치고 클럽하우스에서 갖는 식사 시간은 즐겁게 취하기에 충분한 조건을 갖추고 있었다. 늘 일에 치여 살던 대기업 임원들에게 주어진 편안한 시간, 골프를 마친 아름다운 리조트의 금요일 저녁이었으니 말이다.

스코어 카드를 보며 메달리스트와 롱기스트, 니어리스트에게 축하를 겸한 폭탄주를 마시게 하고, 버디를 한 사람과 파를 많이 한 사람, 보기를 많이 한 사람 등에게 온갖 명분을 걸어 폭탄주를 마시게 했다. 취기가 오르면서 폭탄주의 농도가 진해지기 시작했다.

일행들은 거기서 그치지 않고 콘도에 있는 카페로 이동하여 2차를 했다. 누군가는 자기 차 트렁크에 간직한 와인이며 양주도 꺼내왔다. 모처럼 일을 떠나 즐거운 시간이었고 그런 만큼 더 취했다. 늘 긴장감 있게 살아온 대기업 임원들이 주말을 맞아 오크밸리라는 풍광과 공기 좋은 곳에서 부담 없는 상황이 되자 긴장이 풀린 것 같았다.

그렇게 두 시 넘어서까지 술자리를 가졌으니 마지막까지 그 자리에 있었던 사람들은 술이 아무리 세도 취하기 마련이었다. 나는 계속되는 술을 견디지 못해 중간에 자리를 슬그머니 떴고 먼저 콘도로 들어왔다. 지 상무는 모임의 의장으로서 마지막 순간까지 같이 하면서 분위기를 주도하며 술을 마셨다. 그러니 남들보다 더 마시고 더 취할 수밖에 없었다.

다음 날 아침 9시에 세미나를 시작하며 의장이 인사말을 해야 하는데 지 상무가 나타나지 않았다. 숙소로 찾아가 보니 술을 너무 마셔 일어날 시간을 깜박한 상황이었다. 그는 매우 미안해했다. 회사에선 술 마시고 한 번도 늦게 출근한 적이 없었던 지 상무였지만 일터를 떠난 공간에서 잠시 긴장의 끈을 놓은 것이다. 과음으로 힘들어하는 그를 보면서 부의장에게 인사말을 맡길 테니 좀 더 쉬라고 하고 자리를 나왔다.

연말에 CS평의회 임원 부부동반 모임을 한 적도 있다. 지 상무는 의장으로서 비용을 일부 충당하기도 하고 친구인 개그맨을 초청하여 무료로 사회를 맡기기도 하는 등 모임을 성공적으로 이끌기 위해 애를 많이 썼다. 나는 사무국의 간사로 지 상무와 호흡을 맞췄다.

자칫 어색해질 수 있는 부부동반 모임이어서 모두 기분 좋게 끝나려면 사전 준비가 잘되어야 했고, 사회자의 역할과 함께 의장이나 부의장 등 모임 리더들의 선도적인 역할도 중요했다. 지 상무는 자기에게 주어진 모든 책무를 마다하지 않았고 그래서 처음 기획한 부부동반 모임이었지만 모두가 즐거운 추억으로 남는 성공적인 모임이 될 수 있었다.

이후 그는 에버랜드 리조트사업부에서 부동산을 관리하는 자산관리사업부로 옮겼고 몇 년여 더 근무하다 전무 진급 타이밍에 아쉽게도 진급하지 못하고 회사를 떠났다.

그가 회사를 떠난 지 몇 개월 지나 같이 식사를 하게 되었는데 확 달라진 모습이었다. 지 상무는 회사를 떠날 무렵 건강에 이상 신호가 왔었는데 그 이후 술을 끊고 운동도 꾸준히 하는 데다 신앙생활에 귀의하여 정신적으로도 안정이 되자 건강 지표가 좋아졌다고 한다. 그러고 보니 안색부터 표정까지 모두 좋아 보였다. 그때 만나서 했던 지 상무의 얘기가 아직도 귓전에 남아있다.

"하나님께서 나의 건강을 회복시켜 주고 새로운 삶을 살도록 회사를 떠나게 한 것 같습니다. 그렇게 매일 술을 마시며 몸을 더 방치했으면 죽었을지도 모릅니다. 회사를 떠나와 생각해보니 열심히 몸 바쳐 일을 한 정든 회사지만 적절한 시점에 하나님이 잘 인도해 주신 것 같습니다. 그래서 요즘은 감사한 마음으로 살고 있습니다."

몇 개월 후 그는 삼성의 임원 경력을 기반으로 공공기관의 개방직 임원으로 채용되어 그곳에서 몇 년을 일했다. 임기가 종료된 이후에는 에버랜드 자산관리사업부에서 했던 부동산 관련 업무를 바탕으로 부동산 개발 및 투자회사에서 CEO로 재직했다.

지 상무는 나에겐 늘 형님 같았다. 푸근하고 다정하게 동생처럼 대했다. 나뿐만 아니라 다른 사람들에게도 너무나 인간적인 모습이었다. 누가 어떤 얘기를 하더라도 그것을 들어주려고 최대한 애쓰는 보기 드문 사람이었다.

4. 일도 골프도 달인, 삼성생명 부사장

삼성생명의 박지웅(가명) 부사장은 좀 특별했다. 내가 만나거나 들은 바 있는 대기업 임원 중 골프 실력에서 단연 국내 최고였다. 당시 그의 골프 핸디는 +2였고 최고 스코어는 -5로 거의 세미(Semi) 프로 수준이었다. 박 부사장은 내가 지금껏 동반 라운딩한 일반적인 사람과는 차원이 다른 고수였다.

박 부사장은 드라이버 샷을 260야드 정도 보내는 장타자였다. 드라이버 샷 미스도 거의 없었다. 그러니 거의 모든 홀에서 웨지나 숏 아이언으로 투온이 가능했다. 혹 투온이 안 돼도 그린 근처에서 어프로치 샷을 통해 파세이브를 어렵지 않게 했다.

샷에 군더더기가 없고 코스 매니지먼트도 고수다웠다. 나는 그와의 라운딩을 통해 왜 그가 골프를 잘 치는지 알 수 있었다. 체격이 크지 않지만 단단했고 운동 감각도 탁월했다. 라운딩할 때 어느 상황이든 대단한 집중력을 보였고, 도전적이면서도 무리를 하지 않았다. 그는 무엇보다 골프에 대한 욕심이 많았다. 아마도 골프에 특정 목표를 세우고 피나는 연습과 노력을 했을 것이다.

라운딩할 때 동반자에게 보여주는 모습도 매우 유쾌했다. 18홀 내내 골프와 관련된 즐겁고 재미난 얘기를 들려줬다. 골프는 사람과의 관계를 만드는 운동이기도 한데 그는 이러한 출중한 골프 실력에다 유쾌함까지 더해 주변의 많은 사람과 교류하지 않았을까 싶다. 큰 재능이다.

업무 스타일도 골프와 비슷해 스마트했으며 늘 최고의 모습을 추구했다. 처음 그를 만났을 때 그의 직위는 상무였는데 전무를 거쳐 부사장까지 승승장구하였다. 본사 기획업무에서 영업 총괄까지 다양한 분야를 거쳤다.

사내에서 박 부사장처럼 너무 골프를 잘 치면 눈총을 받을 수 있기에 그에게 골프를 너무 잘 쳐서 문제가 된 적이 없는지를 물은 적이 있는데 그의 답은 쿨했다. 웬만큼 선에서 잘 치면 그럴 수 있는데 자기는 확실하게 잘 치고 이를 인정받고 있으므로 눈치 볼 일이 없다고 했다. 그다운 답이었다.

언젠가 박 부사장이 상사와 라운딩을 했는데 그린에서 짧은 거리가 남아도 OK를 절대 주지 않아 한번은 일부러 실수한 것처럼 홀을 비껴가게 했다고 한다. 그런데 자기의 짧은 거리 미스 퍼팅을 본 그 상사가 어린아이처럼 좋아하는 모습을 보고 골프는 별수 없구나라는 생각을 했다고 한다. 그래서 자기는 상대방에게 늘 후하게 OK를 준다고 한다.

그와 술 마시는 자리도 매우 유쾌했다. 술을 잘 마시기도 했고 술자리를 재미있게 이끌어갔기 때문이다. 그는 폭탄주를 제조하는 방식부터 시작하여 그것을 마시는 다양한 방법과 기교를 우리에게 보여주고 따라 하도록 권유했다. '호이호이주'라 해서 맥주와 소주를 섞은 폭탄주를 손바닥 위에 올려놓고 그것을 좌로 우로 돌려가면서 술이 잔에서 넘치지 않게 섞는 그 기술을 보여줄 때는 마치 정월 대보름 깡통 쥐불놀이하는 동심으로 돌아가는 느낌이었다.

그런 그가 부사장으로 진급하고 몇년이 지나지 않아 사임했다는 얘기가 들렸다. 가까이 있던 직원을 통해 들은 얘기로는 건강에 문제가 생겼다고 했다. 알고 지내던 여러 임원을 통해 들은 정보로는 주변에 경계하는 사람이 있었을지도 모른다는 것이었다.

전무에서 부사장으로 통상보다 일찍 진급한 것도 원인이 됐을 수 있고, 일하는 과정에서 누군가와 부딪칠 때 이를 매니지먼트하는 스타일로 감정이 생겼을 수 있다. 자기와 호흡이 맞던 최고위층이 교체되면서 일어날 수 있는 일이기도 했다. 정확한 이유는 알 수 없으나 그정도 레벨의 최고위 임원에게는 언제든지 있을 수 있는 일이다.

그러나 박 부사장은 삼성이란 대기업에서 부사장의 위치까지 올라간 성공한 직장인이었다. 추진력과 리더십이 남달랐고 그러한 장점을 바탕으로 매사 자신감 있고 호쾌한 스타일이었다. 영업과 사람 관리가 중요한 보험사에서 그의 스타일은 많은 성과를 창출해냈다. 직장인 중 당대 최고의 골프 실력을 통해서도 굵직한 한 획을 그은 그의 직장생활에 존경을 표한다.

에필로그 - 고백과 감사

이 책은 저자의 두 번째 책이다. 첫 책인 『어느 부사장의 30년 직장 탐구생활』을 낼 때만 해도 직장생활을 주제로 두 번째 책을 내리라고 생각하지 못했다. 첫 책을 낸 이후 직장생활과 관련된 칼럼을 연재할 기회가 생겼는데, 연재가 끝난 이후에도 못다 한 얘기가 있어 블로그를 통해 계속 이어가던 중 오랜 친구인 니어북스 대표의 권유로 출간에까지 이른 것이다.

직장생활에 대한 칼럼을 쓰면서 저자가 다녔던 직장인 한국능률협회컨설팅, 한국갤럽, LG전자에서의 삶을 다시 한번 반추하게 되었는데, 이들 회사에서의 경험과 기회에 감사한 마음이 들었음을 고백하지 않을 수 없다. 일을 배웠고, 성장할 수 있었으며, 도전할 기회를 얻었기 때문이다. 더불어 많은 좋은 사람들을 만나 즐겁게 일했고, 또 이들과 같은 방향을 바라보며 꿈을 꿀 수 있었기 때문이다.

첫 책이 출간되었을 때 열렬히 축하해 준 여러 사람에게 에필로그를 통해 이제서야 감사의 마음을 전한다. 저자 및 아내의 친구와 지인들, 여러 직장 후배들, 그리고 격려를 보내준 KMA 이봉서 회장님, 삼성의 허태학 전 사장님, 신한금융 조용병 회장님, 서울대학교 이유재 교수님, KTCS의 양승규 전 사장님께 특별히 감사한 마음이다.

그리고 칼럼을 쓸 기회를 준 KSA미디어의 노지호 팀장, 본 칼럼의 독자로 저자에게 힘을 더해준 한국갤럽 박재형 부회장님, 대교의 조경란 대표님을 비롯한 지인들에게 감사함을 전한다. 저자가 글을 쓰고 책을 낼 수 있도록 응원해준 KMAC 한수희 사장님을 비롯한 후배 임직원들에게도 진심으로 감사하다.

특히 두 번째 책 출간을 적극적으로 도와준 아내와 가족들, 그리고 도서출판 니어북스의 유영택 대표에게 각별한 감사의 마음을 전하고 싶다.

출간을 앞둔 지금 이루 말할 수 없이 감격스럽다. 두 번째 책이라는 점에서 그렇고, 또 돌아보면 하나하나의 글이 저자의 숱한 고심 끝에 나왔기 때문이다. 두 권의 책을 내면서 저자는 경영과 직장 분야에 고민과 연구를 더해 또 책을 낼 것을 감히 다짐하고자 한다. 경영칼럼을 모아 책을 낼 수도 있고, 경영과 경영자를 소재로 한 소설일 수도 있으며, 직장에서 은퇴한 사람들의 삶을 조명하는 다큐멘터리일 수도 있다. 저자의 이런 열망에 불을 지필 수 있도록 권면해주는 사람들이 많아지면 좋겠다는 생각이다.

저자는 지난 5월 딸아이의 대학졸업식에 참석하기 위해 미국에 다녀온 적이 있다. 딸을 미국에 보내고 처음 간 여행이었지만 마지막이 될지 모를 그 여행에 추억을 더하기 위해 가족과 함께 5박 6일의 로드 트립을 했다. 서부의 워싱턴주에서 시작하여 옐로스톤 국립공원과 그랜드캐년을 거쳐 LA로 가는 3,000여km의 여정이었다.

종일 운전해도 끝이 없는 광활한 대지를 만나면서 앞으로의 삶을 생각하게 되었는데, 문득 하늘로부터 '먼저 영과 육을 잘 다스려 강건하게 하라. 그리고 경영자문과 경영칼럼니스트로서의 삶을 더욱 열심히 살아라'라는 음성이 들리는 것 같았다. 이 길에 들어선 지금, 감사하는 마음으로 또 하루를 연다.

■ 책에서 인용된 서적들

『경쟁전략』, 마이클 포터, 프로제, 2018.9

『관계의 품격』, 오노코로 신페이, 비즈니스북스, 2018.12

『군주의 거울』, 김상근, 21세기북스, 2021.10

『단지 메모만 했을 뿐인데』, 유영택, 니어북스, 2022.3

『당신이 옳다』, 정혜신, 해냄, 2018.10

『메모의 재발견』, 사이토 다카시, 비즈니스북스, 2017.9

『미래를 경영하라』, 톰 피터스, 21세기북스, 2005.1

『아주 작은 습관의 힘』, 제임스 클리어, 비즈니스북스, 2019.2

『어느 부사장의 30년 직장 탐구생활』, 유인상, 북랩, 2019.11

『역사란 무엇인가』, 에드워드 카, 까치글방, 2015.3

『역사의 거울 앞에서』, 임원택, 기독교연합신문사, 2012.3

『완장』, 윤흥길, 현대문학, 2011.4

『인간관계론』, 데일 카네기, 현대지성, 2019.10

『임원으로 산다는 건』, 고광모 외, 플랜비디자인, 2021.7

『정리의 스킬』, 유영택, 가나북스, 2020.2

『철없는 상사 길들이기』, 린 테일러, 펄침, 2010.3

『초격차』, 권오현, 쌤앤파커스, 2018.9

『태도의 품격』, 로잔 토머스, 다산북스, 2018.4

『트렌드 코리아 2018』, 김난도, 미래의창, 2017.11

리더를 꿈꾸는 직장인을 위한 '이기는 행동'

위닝 飛(비)해비어 | Winning Behavior

제1판 1쇄 발행   2022년 9월 30일

지은이   유인상
펴낸이   유영택
교 정   김상재, 박희정, 조성국
펴낸곳   도서출판 니어북스
등 록   제2020-000152호
주 소   서울시 송파구 거마로29
전 화   (02) 6415-5596
E_mail   nearbooks@naver.com
블로그   blog.naver.com/nearbooks
ISBN   979-11-977801-2-7 (13320)